# AI와 대중예술 산업

## AI문고

인공지능 시대입니다. 기계가 인간의 인지를 대신하고, 사물이 인간을 통하지 않고 다른 사물과 직접 커뮤니케이션합니다. 이에 따른 인간 삶과 문명 변화를 정확히 이해·예측·대응하는 것은 이 시대 우리 모두의 과제입니다. AI문고는 인공지능 기술과 환경의 여러 주제를 10가지 키워드로 정리합니다. 관련 개념과 이론, 학계와 산업계의 쟁점, 우리 일상의 변화를 다룹니다. 인간과 기술의 현재, 미래를 세심히 분석합니다.

## 일러두기

- 인명, 작품명, 저서명, 개념어 등은 한글과 함께 괄호 안에 해당 국가의 원어를 병기했습니다.
- 외래어 표기는 현행 어문규정의 외래어표기법을 따랐습니다.

처음이세요?

전문가세요?

# AI와 대중예술 산업

김진각

대한민국, 서울, 커뮤니케이션북스, 2025

# AI와 대중예술 산업

지은이 김진각
펴낸이 박영률

초판 1쇄 펴낸날 2025년 4월 25일

커뮤니케이션북스(주)
출판 등록 2007년 8월 17일 제313-2007-000166호
02880 서울시 성북구 성북로 5-11
전화(02) 7474 001, 팩스(02) 736 5047
commbooks@commbooks.com
www.commbooks.com



ISBN 979-11-7307-912-2 03500

책값은 뒤표지에 표시되어 있습니다.

# 차례

## AI가 바꾸고 있는 대중예술 산업 생태계

순수예술과 대중예술은 기본적으로 이질적이다. 연극, 클래식 음악, 무용, 오페라, 전통예술 등으로 대표되는 순수예술은 상업적 특성이 상대적으로 옅은 편이다. 대중의 취향에 맞춘 작품보다는 창작자의 철학이 우선시되는 경향이 크다. 그래서 순수예술은 산업화가 비교적 더디며, 창작자 개인의 생각과 판단이 작품의 제작 과정에서 여전히 강력하게 작동하면서 창조예술로 불리는데 크게 무리가 없다. 반면 영화와 드라마, 대중음악 등을 위시한 대중예술은 철저히 상업성을 띠면서 기술에 대한 의존도가 매우 높다. 대중예술은 편집예술로 일컬어진다(김진각, 2022). AI 기술이 대중예술 산업 분야에 빠른 속도로 들어와 다양한 측면의 영향을 미치고 있는 이유를 바로 이 지점에서 찾을 수 있을 것이다.

AI의 아이덴티티가 기술이라고 한다면, 대중예술 산업이야말로 AI에 최적화된 영역이라 할 수 있다. 대중예술 산업은 영화나 드라마, 음반 등처럼 기술적 요소가 작동해 대량 복제가 가능한 복제예술(편집예술) 산업으로서의 의미를 함유한다. 이와 같은 복제예술은 무형의 이미지를 유형의 이익으로 전환해 경제적 수익을 창출할 수 있는 파급성을 지니고 있다. 이러한 측면에서 복제예술로 분류되는 대중예술 산업은 소프트웨어와 스크린, 사운드 등 기술적 요소를 대거 반영한 기제를 통해 인간의 감정을 상업화하는 산업으로 볼 여지가 있을 것이다.

2010년대 이후부터는 영화, 드라마, TV 예능, 다큐멘터리 등의 다양한 미디어 콘텐츠를 제공하는 OTT와 웹툰, 게임 등 복제예술의 여러 장르가 대중예술 산업의 주요한 범주에 포함되어 산업적 발전을 주도하고 있는 현실에서 AI의 가세는 유의미한 시사점을 던진다. 강력한 소비적 특성을 지닌 대중예술이 AI 기술과 융합해 이전과 전혀 다른 산업 생태계를 만들어 내고 있음을 목도할 수 있다. 예컨대 대중음악 산업을 보면, 고인이 된 전설적인 가수들이 AI 기술로 무대에 다시 소환되거나, 이들의 음성이 담긴 광고가 방송을 타는 모습을 볼 수 있다. 버추얼(가상) 아이돌이 인기를 끄는 현상 역시 AI가 주도하고 있다. AI 기술로 인물의 형상이나 특징을 복원하거나 새롭게 개발했기 때문에 가능해진 일이다. 이쯤 되면 가히 AI와 대중예술의 융합이라고 해야 하지 않을까. AI와 대중예술 산업의 만남은 장르를 가리지 않는다. 영화를 비롯해 드라마 등 방송 콘텐츠, 대중음악, 웹툰, 게임 등에 이어, 어느덧 대중예술 소비의 중심에 서 있는 OTT에 이르기까지 사실상 모든 산업적 장르에서 AI와 대중예술은 접점을 이루고 있다.

지금까지의 양상으로 볼 때, 적어도 산업적으로 AI는 대중예술에 긍정적 영향을 미치고 있는 것으로 이해할 수 있다. 문화 예술 산업의 전반적 성장에 AI 기술이 이바지한 측면을 간과하기는 어렵다. 가령 대중음악 산업의 경우 AI 기술 발전 가속화로 그 응용 영역이 크게 확장되었다. 창작을 필두로 분석과 추천, 홍보, 분배 등 음악 산업과 다양한 형태로 융합되어 발전하고 있다. 특히 생성형 AI 기술을 바탕으로 음악을 자동 생성하는 작곡 AI는 대표적인 미래 유망 산업의 대상으로 주목받을 정도다(강지담 · 이철희, 2023). 미국의 한 시장 분석 업체가 작곡 AI 같은 세계 생성형 AI 시장 규모를 '향후 10년 내 11배 이상 성장'으로 분석한 결과를 내놓은 것은 어쩌면 당연하다. 우리 정부가 AI 기반 K컬처 산업을 키우는 이른바 '문화 디지털 혁신'에 5000억 원이 넘는 예산을 쏟아붓기로 한 것도 비슷한 맥락이다.

특히 AI 기술은 대중예술 영상 이미지 캐릭터의 감정과 표정을 변환하는 분야에서 큰 관심을 끌고 있다. 이러한 기술은 딥러닝을 기반으로 주로 얼굴 감지, 표정 분석, 이미지 생성 기술을 조합해 구현된다. 감정이나 표정을 변환하는 기술은 대체로 게임, 엔터테인먼트 등 적용 분야가 확산하고 있다.

대중예술 산업의 대세로 떠오른 OTT 플랫폼은 AI 기술 활용을 더욱 확대해 가는 흐름이 뚜렷하다. 이는 큐레이션(개인화) 서비스에서 확인할 수 있는데, OTT 사용자의 선호, 관심, 시청 기록, 행동 패턴 등의 정보를 수집해 사용자의 취향에 특화된 콘텐츠를 제공한다. 방대한 양의 콘텐츠를 제공하는 OTT 플랫폼은 이 같은 AI 머신러닝 알고리즘을 활용해 정확도를 높인 큐레이션 서비스를 통해 개인에게 콘텐츠를 효율적이고 지속적으로 소비하게 함으로써 콘텐츠의 활용성을 극대화하고 있다. 이러한 현상은 OTT 플랫폼에 AI 도구가 통합되는 방식으로 이해할 수 있다. 궁극적으로는 사용자 상호작용과 시청 습관, 인구 통계 정보를 포함한 방대한 양의 데이터 분석으로 시청자 트렌드, 콘텐츠 성과, 시청 패턴 예측으로 이어질 것이라는 예측은 무리가 아니라고 본다.

대표적인 대중예술 장르인 영화 산업 역시 AI를 빼놓은 논의는 무의미하다. 이른바 '부익부 빈익빈' 양태가 가속화하고 있는 국내 영화 산업의 위기 속에 생성형 AI의 출현은 영화가 안고 있는 문제를 일정 부분 해결할 수 있는 도구로 주목받는다. 그것은 생성형 AI가 최소한의 제작비와 감독 등 스태프의 재능만으로 세계 시장과 만날 수 있는 혁신적이고 혁명적인 도구로 기능할 것이라는 기대감에 근거한다. 영화에서도 소라, 미드저니, 달리 같은 거대 언어 모델 기반 이미지 및 동영상 생성 AI 프로그램이 등장하면서 AI 영화 제작에 큰 영향을 미치고 있다.

2010년 이후 산업적으로 급격하게 성장한 웹툰과 게임은 어쩌면 AI 기술의 활용으로 새로운 도약기를 맞은 듯하다. 웹툰의 경우 AI 기술이 적용됨으로써 제작 과정의 효율성을 최대치로 높일 수 있게 됐고, 창작자가 작품에 집중할 수 있는 동기를 유발했으며, 이용자들은 웹툰 콘텐츠에 몰입할 수 있게 됐다. 이것은 웹툰의 AI 활용이 창작자의 기획 및 창작과 제작 보조, 최적화된 큐레이션 제공, 불법 유통 감시 등에 집중되고 있기에 가능하지 않을까. 유저와 콘텐츠 간 상호 작용이 가장 적극적인 장르로 분류되는 게임은 유저에게 보다 다양한 경험과 몰입감을 제공하기 위해 적극적으로 AI 기술을 적용하는 모습이 두드러진다. 이러한 흐름은 게임 기획, 제작, 유통 같은 게임 분야 전반에 AI가 도입됨으로써 보다 선명해지고 있다. 게임 콘텐츠의 AI 본격 활용으로 개발 시간이 단축되고 개발 비용이 절감되어 제작의 효율성이 제고되는 긍정적 효과는 갈수록 커지고 있음이 분명하다.

방송 콘텐츠 산업에서 AI 기술 활용은 근본적으로 인간 중심의 콘텐츠 제작이 지닌 한계를 보완하는 특성을 띤다. 인간에 국한됐던 드라마, 광고, 예능 프로그램, 뉴스 등 다양한 방송 콘텐츠 생산 및 소비 주체가 인간과 기계로 확장되었다. 방송 콘텐츠 제작 과정에서 인간의 관여는 축소됐지만 AI 기술 구현을 위한 인프라가 대폭 마련됨으로써 저비용으로 고품질의 콘텐츠 제작이 가능한 시대를 맞고 있다. 여기에는 이미지 · 동영상 기반, 텍스트 · 오디오 기반, 데이터 · 송출 기반 기술 등 여러 AI 기술이 제작 및 편집, 연출 등의 단계에서 주로 활용된다. 특히 방송 콘텐츠 산업에서 AI 신기술 결합을 통한 콘텐츠 세계관 확장을 눈여겨볼 필요가 있다. 방송 콘텐츠에서 소위 '부캐(부캐릭터)'가 등장해 실재와 가상의 경계가 허물어진 것이다. 출연자의 특징이 반영된 아바타가 등장하거나, 실재와 가상이 혼합된 버추얼 휴먼 아이돌이 음악 방송 1위에 오르는 콘텐츠를 발견하는 것이 어렵지 않은 세상이 되었다.

이렇듯 대중예술 산업에서 AI의 역할과 기능은 흡사 날개를 단 것처럼 빠르게 확대되면서 그 보폭을 넓히고 있다. 그러나 빛과 그늘은 양립하는 법. 대중예술 산업으로 들어온 AI가 가져오는 부정적 영향도 적지 않음을 주지할 필요가 있다. AI의 영향력이 커질수록 AI 윤리 관련 과제도 비례적으로 상승한다. AI의 인간 창작 영역 진출은 필연적으로 저작권이나 초상권 침해 같은 법적·윤리적 문제를 동반하면서 AI 대중예술 산업의 핵심 과제로 부각되고 있다. 예컨대 영상과 그래픽 분야에서 주로 활용되는 딥페이크 기술을 이용해 가짜 동영상 등을 만들어 내는 현상이 세계적으로 일반화하면서 AI의 윤리적 폐해 논의에 불을 댕겼다. 유명인의 얼굴을 포르노에 합성해서 가짜 포르노 영상을 만들어 유통하는 사건들은 AI 기술이 가져온 대표적인 부작용으로 꼽힌다.

생성형 AI 학습 데이터의 저작권 침해와 창작자의 창작 의욕 저하 등은 우리나라를 비롯해 주요 나라에서 공통으로 나타난다. 이러한 시점에서 AI의 영향으로 스웨덴 문화산업계 실업률이 증가하고 있다는 소식은 남의 일로 치부하기 어렵다. 스웨덴 고용청은 지난 2년 동안 대중예술 산업 실업률이 30%가량 증가했는데, 이와 관련해 스웨덴 음악, 무대, 영화, 이미지 분야 예술전문인 3

만 명을 대표하는 스웨덴 예술 및 문학 전문가 협력위원회 수장의 말이 의미심장하다. "우리 전문가 중 일부는 이미 큰 타격을 받고 있습니다. 소규모 작업이 벌써 AI 생성 이미지와 텍스트로 대체되고 있습니다. 예술적 관점에서 볼 때 반드시 그렇게 주목할 만한 것은 아니지만 업계에 처음 입문한 사람들에게는 생계유지와 네트워크 및 포트폴리오 구축에 불리할 수 있습니다. 이로 인해 젊은이들이 예술계 직업을 그만두는 것을 보게 될 것입니다(오수빈, 2024)."

이 책은 AI와 대중예술 산업의 미래에 대한 궁금증에서 시작되었다. 이러한 궁금증을 해소하기 위해 대중예술 산업 각 영역에 들어온 AI의 현황과 실태를 우선적으로 분석해 봤다. 또한 AI가 대중예술 산업에 어떠한 변화를 불러오고 있는지 실제 사례를 통해 분석하고, 궁극적으로는 인간 예술과 기계 예술의 공존을 모색하는 데 초점을 맞췄다. 웹툰과 게임, 영화, 대중음악, 방송 콘텐츠 등의 대중예술 산업 영역을 분석 대상으로 정한 이유는 AI의 기술적 활용이 가장 활발하면서, 한편으로는 저작권 문제 등 당면한 과제와 관련한 담론의 중심에 위치하기 때문이다.

본문에 구체적인 내용이 수록되어 있지만, 이에 앞서

각 장의 구성을 요약적으로 살펴보는 것도 의미가 있겠다. 이 책은 총 10장으로 설계되어 있다. AI와 대중예술의 융합, AI와 웹툰 산업, AI와 게임 산업, AI와 영화 산업, AI와 방송 콘텐츠 산업, AI와 대중음악 산업, AI와 OTT 산업, AI 대중예술 창작물의 윤리적 이슈, AI 대중예술 창작물의 저작권 이슈, AI와 대중예술의 공존이 각 장의 주제다. 각 장의 주제에서도 알 수 있듯 AI와 대중예술이 만나 다양한 현상을 낳고 있는 작금의 현실을 살펴보는 것에서 시작해 대중예술 산업의 주요 장르에 들어온 AI와 관련한 논의가 집중적으로 펼쳐지며, 마지막 장에서는 AI와 대중예술이 공존하고 상생해야 하는 이유를 서술함으로써 이 책의 장정은 끝을 맺는다.

이 책은 다양한 독자들에게 긴요할 것으로 믿는다. 엔터테인먼트 기획사나 창작자 같은 대중예술 산업 종사자 외에도 문화산업 종사자들, 문화 예술 전공 학부생이나 대학원생, 연구자들, 그리고 내용적 측면을 고려할 때 대중예술 소비를 주도하는 청소년과 MZ 세대들에게 일독을 권장하고 싶다.

### 참고문헌

강지담 · 이철희(2023). 음악 작곡 과정에서 생성형 AI의 예술 창작 주체성 논의 및 활용 방법 연구: 인간-기술-기계 상호매개성에 기반하여. ≪한국콘텐츠학회 논문지≫, 59-60쪽.
김진각(2022). 『문화 예술산업 총론: 창조예술과 편집예술 산업의 이해』. 박영사.
오수빈(2024.9.17). AI로 스웨덴 문화산업계 실업률 증가. KOFICE 통신원리포트.
https://kofice.or.kr/c30correspondent/c30_correspondent_02_view.asp?seq=24310

## 01
## AI와 대중예술의 융합

AI와 대중예술의 융합 메커니즘은 크게 몇 가지 형태로 나타난다. 그것은 개인화된 콘텐츠 제작 및 유통, 자동화된 대중예술 콘텐츠 생성, 예측 분석을 통한 대중예술 분야 트렌드 전망 등이다. 논의를 확장하면 콘텐츠 큐레이션, 제작 환경 개선, 불법 콘텐츠 적발 등 대중예술 분야 가치 사슬 전반에 AI 기술이 활용되면서 산업적 입지를 다지고 있다.

AI와 1인 창업?

## 대중예술 속으로 진입한 AI

AI(인공지능)의 아이덴티티는 기본적으로 새로운 기술이다. 새로운 기술은 예술가와 예술 형식의 관계뿐 아니라 예술 작품과 관객의 소통 양식을 바꾸어 놓는다. AI와 대중예술의 융합, 즉 다양한 장르에서 펼쳐지는 대중예술 창작과 AI의 결합 과정에서도 이러한 흐름을 목도하기란 어렵지 않다.

역사적으로 볼 때도 새로운 기술은 어김없이 예술의 일대 전환을 가져왔음을 상기할 필요가 있다. 예컨대 19세기 중반 처음 선보인 사진 기술은 회화의 종말이 아닌 창조적 회화 양식이 생겨나고 당대의 예술이 철학적인 물음으로 향하는 데 중요한 역할을 했다. 오히려 사진을 적극 활용해 전에 없던 회화 세계를 만들어 가는 작가가 나타나는 식으로 예술계는 새로운 기술을 넘어서거나 수용함으로써 새로운 길을 모색해왔던 것이다. 사진술이 발명된 이후 회화가 자신의 존재 가치를 새로운 방식으로 재정립하면서 미술의 모더니즘이 시작된 것도 비슷한 맥락에서 이해할 수 있다(임윤수, 2018). 대중예술의 대표 장르인 영화 역시 이러한 흐름에서 파악하는 데 무리가 없다. 19세기 후반 프랑스 뤼미에르 형제가 〈리옹의 뤼미에르 공장을 나서는 노동자들〉이라는 영화를 상영하면서 이전까지 사람들이 이해하던 미술은 막을 내렸다는 시각이 있다.

AI는 영화와 사진 기술이 예술에 미친 영향과 비교할 수 없을 만큼 그 위력을 키워 가고 있다. 특히 영화, 드라마, 웹툰, 게임, 대중음악 등 대중성(또는 시장성)을 모토로 하는 대중예술 영역과 AI의 융합은 갈수록 그 규모와 영향력을 높여 가고 있다.

국내에서 AI와 대중예술 융합의 구체적인 사례는 엔터테인먼트 산업에서 두드러진다. AI 기술의 급속한 발전은 아이돌과 같은 유명 연예인 관련 콘텐츠를 만들어 시장을 형성하고, 이를 기반으로 다양한 부가 상품을 판매하는 엔터테인먼트 사업 전략을 디지털 트랜스포메이션 전략으로 전환시키는 결정적인 계기로 작용하고 있다. 예를 들어 SM엔터테인먼트는 딥러닝 기반 가상 인물을 만드는 미국 AI 기업 오벤(OBEN)과 공동 투자를 통해 홍콩에 AI스타스를 설립하고 AI 아티스트 발굴에 공들여 왔다. YG엔터테인먼트는 YG플러스라는 자회사를 만들어 네이버의 AI 기술을 활용한 콘텐츠를 제작하고 음원과 아티스트 등 지적재산권(Intellectual Property: IP)을 활용한 마케팅 효과 극대화를 추진하고 있다. CJ ENM도 AI 기술을 바탕으로 아티스트 뮤직비디오와 화보, 라디오, 예능 같은 오리지널 독점 콘텐츠를 매일 제공하는 미디어 플랫폼인 엔씨소프트 유니버스를 함께 출시했다.

자사 소속 아티스트를 통해 대중예술의 주요 장르를 주요 수익원으로 삼고 있는 국내 대표 엔터테인먼트 기업들은 이처럼 AI 기술을 기반으로 한 비즈니스 혁신과 다각화 전략을 추진하는 것에 시간과 예산을 집중적으로 투자하고 있다. 이러한 흐름은 대중예술 산업의 오픈 이노베이션 활성화라는 측면에서 이해될 필요가 있다. AI 기술을 적극적으로 수용하고 활용해 대중예술 산업의 비즈니스를 혁신하면서 신사업 창출을 도모하고 있는 것이다.

## 대중예술에서의 AI 활용 메커니즘

대중예술 산업에서 AI 활용은 다양한 형태로 나타나고 있다. 여기서 주목해야 할 개념은 인간의 뇌신경망을 따라해 데이터를 계층적으로 학습한 패턴을 기반으로 추론할 수 있도록 하는 기술인 딥러닝(Deep Learning)이다. 이와 같은 딥러닝 강화를 통해 데이터로부터 콘텐츠나 사물의 주요 특징들을 학습해 원작과 유사하면서도 새롭고 독창적인 결과물을 만들어 낼 수 있도록 알고리즘이 설계된 생성형 AI의 특성은 대중예술과의 융합을 가속화하는 데 일조한다. 여기서 '생성'이라는 개념은 단순히 데이터 인식을 통해 콘텐츠를 제작하는 것이 아닌, 세상에 존재한 적 없는 새로운 데이터를 생성하는 것을 의미한다. 명령어를 입력하면 학습된 데이터를 바탕으로 텍스트, 그림, 영상, 음악 등 대중예술 콘텐츠를 딥러닝 기반으로 자동으로 생성하는 것이다. 이러한 역할과 기능을 고려하면 AI를 예술 창작의 주체로 파악할 여지가 생긴다. 예술적 창조의 의미를 인간의 자유로운 상상력의 유희와 지성의 비규정적인 개념의 조화와 합치에 의한 행위로 규정한다면 이 같은 논의는 설득력이 있다(이소희, 2019). 반면 AI는 주어진 데이터에 새로운 규칙을 지속적으로 부여함으로써 창의적이고 독창적인 결과물을 도출하는 데 역부족이라는 주장도 있다(강지담 · 이철희, 2023).

문화 예술 산업에서 AI와 대중예술의 융합 메커니즘을 보다 구체적으로 살펴볼 필요가 있다. 첫째, 개인화된 콘텐츠 제작 및 유통이다. AI를 활용해 사용자의 취향, 행동 패턴 등을 분석해 개인화된 맞춤형 대중예술 콘텐츠 제작 및 유통을 가능하게 한다. 이렇게 되면 사용자들은 보다 흥미롭고 취향에 맞는 맞춤형 콘텐츠 경험이 가능해진다. 둘째, 자동화된 대중예술 콘텐츠 생성으로,

이는 생성형 AI가 텍스트, 이미지, 음성, 영상 등 여러 가지 형태의 대중예술 콘텐츠를 자동으로 생성하게 하는 개념이다. 최소한의 자본과 인력을 투입해 대중예술 작품 제작의 효율성을 가져오고 생산성과 신속성의 극대화가 가능하다. 셋째, 예측 분석을 통해 대중예술 분야의 트렌드를 전망할 수 있다. AI 알고리즘과 빅데이터를 통해 소비자 행동과 대중예술 트렌드를 예측함으로써 트렌드에 맞춘 신속한 작품 제작과 시장에서의 경쟁력을 강화시킬 수 있다. 넷째, AI 기반의 콘텐츠 추천 시스템으로, AI 알고리즘을 통해 사용자의 이전 선호도와 행동을 분석해 최적의 대중예술 콘텐츠를 추천할 수 있다. 이 경우 사용자들이 보다 다양하면서도 맞춤형 콘텐츠를 이용할 수 있다.

이 외에도 대중예술 작품 제작 현장에서 협업을 위한 AI 툴 도입 형태가 존재한다. 대중예술 콘텐츠 제작 과정에서 유관 부서의 협업을 촉진하기 위해 AI 기반의 협업 시스템을 도입해 팀 간의 의사소통 및 작업 효율 향상을 도모하게 되는 것이다.

## AI와 대중예술 융합 주요 담론

AI와 대중예술의 융합, 다시 말해 대중예술에서 AI가 활용되는 방법은 대략 두 가지 담론으로 설명할 수 있다.

첫째, 머신러닝(Machine Learning) 같은 분석 기술로 얻어지는 시각적 효과의 극대화다. 머신러닝은 명시적 규칙 없이 컴퓨터가 데이터를 기반으로 학습하고 데이터에서 찾은 패턴을 기반으로 추론할 수 있도록 하는 기술로 정의된다. 첨단 기술과 뉴미디어를 사용해 감각적인 압도감, 스펙터클 효과를 추구하는 방향으로, 대중적이고 상업적으로 활용되는 대중예술 창작물은 대부분 이러한 성격을 지닌다고 볼 수 있다. 특히 AI 머신러닝은 영상의 기술복제와는 영역과 방법이 근본적으로 다른 특성을 갖는다. AI는 대상의 특징을 학습한 뒤 그 특징이 드러나도록 새로운 결과물을 만들어 내며, 하나의 예술 작품을 데이터 학습에 그치지 않고 누군가의 목소리 또는 얼굴을 학습해 모방한다. 이렇게 본다면 머신러닝의 복제 대상은 아티스트의 목소리 등 물리적 속성뿐 아니라 창작 스타일 또는 창작의 내재적 원리까지 그 범주를 넓히고 있는 셈이다.

둘째, 머신러닝과 딥러닝 같은 AI 기술을 활용하는 동시에 AI가 사회 문화 환경과 문화 예술 생태계 전반에 미치는 영향과 관련한 비판적 관점의 고찰이다. 이는 AI를 하나의 매체로 파악해 AI의 속성과 영향에 대해 논의하면서 새로운 예술 형식과 의미를 함께 탐색하는 경우에 해당한다. 이와 같은 논의는 대체로 예술 창작에 집중된 것으로 이해할 여지가 있다. 이 과정에서 AI의 사회 문화적인 의미와 AI 개발 및 활용과 맞닿아 있는 윤리적 문제가 필수적으로 다루어질 수밖에 없다.

AI의 사회 문화적 의미를 예술 창작에 대한 영향으로 국한시키자면 예술적 실험과 창조적 협업이라는 긍정적 효과가 부각될 수 있지만, 한편으로는 예술 창작품의 가격 인하와 경쟁 심화라는 부작용이 동반될 수 있다. 유통 및 소비에 대한 영향이라는 관점에서 살피면 SNS와 뉴미디어 플랫폼을 통한 AI 예술 작품 활성화, 예술가와 소비자의 직접 소통, 사용자 콘텐츠 증가 등이 순기능으로 나타날 수 있다. 하지만 예술 창작에서 예술가보다는 소비자가 우선시되거나 젊은 세대의 선호 작품이 늘어나는 구조로 이어져 예술가 수익 창출에 한계를 드러내는 문제가 발생할 수 있다.

이처럼 AI와 대중예술의 융합을 둘러싼 핵심 담론과 함께 주목해야 할 내용은 대중예술 가치 사슬에 미치는 AI의 영향이다. AI 기술 중 생성형 AI 기술이 대중예술 작품 가치 사슬 전반에 영향을 끼치고 있음을 주시해야 한다. 그것은 일차적으로 창의성에 기반한 스토리, 이미지, 음악 외에도 영상까지 생성형 AI 기술을 활용해 제작이 가능함을 설명한다.

이 밖에 콘텐츠 큐레이션, 제작 환경 개선, 불법 콘텐츠 적발 등 창작 · 제작부터 유통, 소비까지 이어지는 대중예술 분야 가치 사슬 전반에 AI 기술이 활용되면서 산업적 입지를 다지고 있다.

### 참고문헌


강지담 · 이철희(2023). 음악 작곡 과정에서 생성형 AI의 예술 창작 주체성 논의 및 활용 방법 연구- 인간 기술 기계 상호매개성에 기반하여. ≪한국콘텐츠학회논문지≫, 62-63쪽.

강여울(2024). 현대예술의 인공지능 활용을 통해 본 예술의 역할과 가치. ≪인문콘텐츠≫, 14-23쪽.

박혁태(2024.7.17). AI가 이끄는 콘텐츠 산업혁명, 현재와 미래. ≪코카포커스≫, https://www.kocca.kr/kocca/bbs/view/B0000141/2006536.do?menuNo=204144&categorys=0

이동후(2023). 창작·예술 분야의 생성형 ai 활용 방법에 대한 연구. ≪한국컴퓨터정보학회 하계학술대회 논문집≫, 한걱컴퓨터정보학회. 569-571쪽.

이소희(2019). 칸트 미학에서 본 인공지능의 예술적 주체로서의 가능성. ≪시민문화학≫, 201-236쪽.

임윤수(2018). 확장된 회화로서의 디지털 사진 연구-사진과 회화의 패러다임을 중심으로. ≪한국과학예술포럼≫, 417-419쪽.

## 02
# AI와 웹툰 산업

웹툰 산업을 주도하는 웹툰 플랫폼들은 비교적 적극적으로, 빠른 속도로 AI를 활용하고 있다. 웹툰 산업의 AI 활용은 웹툰 창작자의 기획 및 창작과 제작 보조, 최적화된 큐레이션 제공, 불법 유통 감시 등에 집중된다. 특히 웹툰의 AI 기반 추천 시스템은 맞춤형 큐레이션으로 독자의 콘텐츠 개인화 경험을 높이는 데 최적화되어 있지만 소비자의 선택을 제한한다는 맹점이 도사리고 있다.

AI와 MBTI?

## AI의 등장과 웹툰 산업의 변화

대중예술 산업은 바야흐로 웹툰의 시대라고 할 만하다. AI와 웹툰 산업을 논의하기 전에 규모적 성장을 거듭하고 있는 웹툰 시장의 현황을 플랫폼을 중심으로 먼저 살펴볼 필요가 있다. 웹툰 플랫폼은 디지털 만화를 위한 온라인 환경을 제공하면서 만화의 접근성과 영향력을 크게 확장했다. 출판, 읽기, 공유, 커뮤니티 상호 작용 기능을 갖추고 있는 웹툰 플랫폼은 만화 애호가들과 창작자들이 소통하고 발전할 수 있는 공유 디지털 공간을 제공하고 있다.

우리나라는 2003년 포털사이트 다음이 첫 웹툰 서비스를 시작하면서 웹툰의 서막을 열었다. 웹툰은 이후 종이 만화의 쇠퇴와 사회적 환경 변화 등의 영향으로 한국 만화의 대표적 형식이자 주류 산업으로 발전해 왔다. 문화체육관광부와 한국콘텐츠진흥원이 내놓은 『2023 웹툰 실태조사』 보고서에 따르면 2022년 말 기준 국내 웹툰 산업의 총매출액은 전년 대비 17% 포인트 가량 증가한 1조 8290억 원을 기록했다. 웹툰 시장의 두드러진 성장세는 국내뿐 아니라 해외에서도 비슷한데, 2022년 기준 한국을 제외한 글로벌 웹툰 시장 규모는 13억 4500만 달러(1조 6590억 원)에 달한다.

이와 같은 웹툰의 고속 질주 이면에는 뛰어난 확장성을 지닌 원천 IP가 자리한다. 즉 웹툰의 원천 IP는 웹툰 장르 한곳에 머물지 않고 영화, 드라마, 게임, 뮤지컬 등 다른 대중예술 장르로 그 영역을 확장하면서 부가 가치를 높이고 있는 것이다. 이러한 현상은 웹툰의 대표적인 원 소스 멀티 유스(One Source Multi Use: OSMU)로 설명할 수 있다.

이미지와 짧은 글을 통한 표현이라는 장르적 특성을 기반으로 하는 웹툰은 AI 기술과 접목하면서 산업적 성장에 날개를 달았다. AI 기술의 등장과 도입에 따라 웹툰 산업은 새로운 도약기를 맞고 있다. 거시적 관점에서 보자면 AI의 활용으로 웹툰 제작 과정의 효율성을 극대화할 수 있고, 창작자가 작품에 집중할 수 있는 동기를 유발할 수 있으며, 이용자들에게는 웹툰 콘텐츠의 몰입을 높이는 효과를 기대할 수 있다.

그렇다면 AI를 받아들인 웹툰 산업은 구체적으로 어떤 분야에서 어떤 방식으로 AI 활용을 가시화하고 있을까. 웹툰의 AI 활용은 크게 웹툰 창작자의 기획 및 창작과 제작 보조, 최적화된 큐레이션 제공, 불법 유통 감시 등에 중점적으로 활용되는 모습을 발견할 수 있다.

첫째, 기획 분야에서는 웹툰 스토리 및 대사 자동 생

성, 스토리보드(콘티) 이미지 자동 생성 등이 대표적이다. 둘째, 제작 분야는 캐릭터와 옷, 배경 자동 생성, 지문 · 말풍선 등 자동 생성, 선화 · 채색 · 명암 등 시각적 품질 향상 지원, 다양한 레이아웃 및 디자인 스타일 생성 등에 주로 AI가 활용되고 있다. 셋째, 유통 분야는 대체로 소비와 연관되어 있으며, AI 기반 독자의 반응 분석 후 최적화된 마케팅 전략 수립 지원, 빅데이터 기반 웹툰 흥행 분석, 구독자 맞춤형 큐레이션 지원, 자동 번역 지원, 웹툰 불법 유통 감지 등이 해당된다. 이러한 흐름들은 AI가 불러온 웹툰 산업 생태계의 전반적 변화를 보여준다고 할 수 있다.

국내 주요 웹툰 플랫폼에서도 유통과 관련해 AI 기반 유해 콘텐츠 및 댓글 차단, 큐레이션 솔루션 개발 및 보급에 나서는 모습을 발견할 수 있다. 네이버웹툰은 AI를 활용한 유해 콘텐츠 필터링 솔루션 '엑스파이더'를 도입했고, 스팸 댓글 처리를 위한 'AI 클린봇'을 활용하고 있다. 카카오엔터도 네이버웹툰과 유사한 방식으로 AI 활용에 속도를 내고 있다. 카카오엔터는 AI 기술로 독자적인 최적화 작품 추천 서비스 '헬릭스 푸시'를 도입해 운용하고 있으며, 스팸 댓글 처리를 목적으로 '카카오 세이프봇'을 가동하고 있다. 지금부터는 웹툰 산업의 AI 활용과 관련한 구체적인 양태를 대형 플랫폼을 중심으로 짚어 본다.

## 웹툰 창작 단계에서의 AI 활용

웹툰 속으로 거뜬히 진입한 AI는 기본적으로 창작 과정의 혁신을 불러왔다. 웹툰 콘텐츠에서 나타나는 자연스러운 대사와 스토리라인, 콘티를 생성하거나 채색이나 배경 생성과 같은 단순 작업을 대신해 주는 현상이 일반적이다. 이것은 웹툰 작가의 창작 부담을 크게 줄임으로써 업무 생산성 향상을 가져온다는 점에서 웹툰 생태계의 긍정적 변화로 읽을 수 있다.

웹툰 창작 과정에서 AI가 추동하고 있는 이 같은 전환을 이해하기 위해서는 웹툰 업계의 창작 현실을 주지할 필요가 있다. 대규모 플랫폼을 제외한 일반 콘텐츠 제공사(Contents Provider: CP)에서는 작가에게 화당 70컷 정도를 요구한다. 이 수치는 웹툰이 보통 주 1회 연재임을 감안하면 살인적인 작업량과 작업 속도의 원인으로 작용한다. 여기서 웹툰 작가들의 대략적인 실제 작업 일정을 살펴보면 1일차 스토리 구성, 2일차 콘티로 연출 대략 구성, 3일차 70컷의 전체 스케치, 4일차 펜 터치, 5일차 채색, 6일차 대사와 편집 및 마무리 작업 등으로 짜여 있다. 이와 같은 일정은 웹툰 1화가 나오는 데 6일이 꼬박 소요된다는 의미로, 많은 분량과 컷 수는 물론 갈수록 고퀄리티를 원하는 독자들의 수요에 따른 결과로 이해할 수 있다. 이처럼 고강도의 웹툰 노동 환경에서 AI 기술의 등장은 창작자들이 당면한 문제를 해소하는 데 일조하는 측면이 있다. 예컨대 네이버웹툰의 자동 채색 서비스 '웹툰 AI 페인터'는 라인 아트로 그린 그림에 사용자가 선택한 색을 클릭하면 해당 부분이 채색되는 기능을 제공한다. 구체적으로는 딥러닝 기술을 활용해 30만 장 규모의 데이터 세트를 통해 인물의 얼굴, 신체, 배경 등 이미지의 각 영역과 다양한 채색 스타일을 학습했다. 웹툰 파일처럼 긴 이미지를 채색하는 것에는 적합하지 않다는 한계가 있지만, 베타 테스트 단계임을 고려한다면 주목할 만한 기술 발전으로 볼 수 있다. 또한 콘티, 선화, 채색, 보정 등 작가를 부문별로 두고 있는 웹툰 스튜디오 시스템의 영향력이 커지고 있는 상황에서AI 기술을 활용해 특정 파트(채색) 대체가 가능하다는 것은 향후 웹툰 창작의 분업에 청신호로 받아들여진다. 이러한 현상은 AI 기술을 통해 웹툰 창작에 들어가는 시간과 노력을 줄임으로써 결과적으로 창작 진입 장벽을 낮추는 효과로 이어질 개연성을 시사한다.

AI와 웹툰이 협업하는 사례는 단순한 창작 단계를 넘어선 과정으로 파악하기에 무리가 없다. 이는 '이현세 AI 프로젝트'에서 확인할 수 있는데, 작품 〈공포의 외인구단〉을 그린 이현세 작가는 미디어 업체, 대학 등과 협업해 생성형 AI에 본인의 작품을 학습시켜 AI가 그림체를 재연하는 방식으로 프로젝트를 진행하고 있다. AI와 창작자의 이 같은 협업은 국내 첫 시도로 받아들여지며, 기술적으로도 다른 이미지 생성 AI와 차별점이 나타난다. AI 이현세는 '드로잉 프롬프트' 입력이 가능해 다른 사람이 대충 스케치만 해도 작가의 화풍으로 이미지를 생성해 주는 것이다.

## 웹툰 유통 및 소비단계에서의 AI 활용

AI는 웹툰 콘텐츠의 창작 보조 도구에 머물지 않는다. 웹툰 IP와 AI를 결합한 여러 프로젝트를 통해 독자들에게 맞춤 서비스를 제공하거나, 콘텐츠 불법 유통 대응과 같은 기능적 확대를 시도하고 있다. 네이버웹툰의 '툰필터'와 '캐릭터챗' 은 이 같은 맥락에서 이해할 수 있는 서비스다. '툰필터'는 독자들이 원하는 사진을 업로드하면 웹툰 작품의 그림체로 변화할 수 있는 서비스다. 〈기기괴괴〉, 〈마루는 강쥐〉, 〈연애혁명〉, 〈외모지상주의〉, 〈유미의 세포들〉 등 인기 웹툰이 포함되어 2023년 5월 베타 서비스가 출시된 이후 그해 말까지 9000만 명이 넘는 변환 이미지가 생성될 정도로 인기를 누렸다. 웹툰에서 AI 서비스는 여기에 그치지 않고 '툰필터' 시즌2 격으로 로맨스 판타지 웹툰의 여자 주인공 모습으로 변환해 주는 수준까지 진화를 거듭하고 있다. 독자들이 AI 기술을 통해 웹툰 여자 주인공으로 코스프레가 가능해진 것이다. '캐릭터챗'은 인기 캐릭터의 말투와 성격을 담은 생성형 AI 챗봇 서비스다. 서비스되고 있는 캐릭터는 인기 웹툰의 주인공 4명으로, 네이버의 대형 언어모델 '하이퍼클로바X'가 기반이 되어 AI는 캐릭터의 언어 습관, 성격, 작품 배경 등을 학습해 캐릭터 말투를 흉내 내는 방식으로 사용자와 소통을 이어가고 있다. 이와 같은 AI 서비스는 신규 유입 이용자를 확보하고 웹툰 팬덤 등 기존 이용자의 콘텐츠 몰입을 높이는 효과로 이어진다. 웹툰 IP의 또 다른 확장 가능성을 엿볼 수 있는 기획으로 파악할 수 있다. 카카오엔터의 AI 브랜드 '헬릭스'가 론칭할 예정인 '헬릭스 쇼츠'는 AI가 웹툰과 웹소설을 짧은 영상으로 제작하는 기술이다. 이러한 기술로 완성된 쇼츠를 앱 내 홈 화면에 띄워 사용자들에게 작품의 서사를 알리고 작품 열람으로 이어지게 한다. 이 서비스는 기존에 웹툰 프로듀서 또는 마케터가 진행했던 작업을 AI가 대신함으로써 시간과 비용의 대폭 절감 효과를 예상할 수 있다.

웹툰의 AI 기반 추천 시스템은 맞춤형 큐레이션으로 독자의 콘텐츠 개인화 경험을 높이는 데 최적화되어 있지만, 소비자의 선택을 제한한다는 맹점이 도사리고 있다. 추천의 편향성 및 독점화에 따라 오히려 콘텐츠 다양성이 저하하는 결과로 이어질 수 있다. 웹툰 산업이 다른 대중예술 영역과 비교할 때 로맨스, 판타지, 학원물 등 특정 장르 편중 현상이 심한 현실을 감안하면, AI 기반 추천 시스템은 콘텐츠가 독자가 아닌 플랫폼에 의해 평가받게 하고 창작자들이 트렌드에 종속될 수밖에 없는 우려를 가중시킬 소지가 있다. 따라서 웹툰 AI 기반 시스템을 통해 단순히 유사한 작품만을 추천하는 것이 아니라 다양한 작품을 고루 노출시켜 건전한 웹툰 생태계를 조성하는 것이 당면한 과제로 부각된다. 결론적으로 웹툰 산업에서 AI 기술의 활용은 창작자와 사용자 모두에게 혜택을 줄 것이며, 웹툰의 새로운 상호 작용 방식과 글로벌 배포를 지원할 것으로 예상할 수 있다. 이것은 AI가 웹툰 산업의 생산성과 다양성을 증진시켜 글로벌 경쟁력 강화로 이어지는 주춧돌 역할로의 기대를 갖게 한다.

## 참고문헌

윤선영(2023.7.12). 네이버웹툰 '툰레이더', 저작물 불법 유통 25일 늦췄다. ≪뉴스1≫, https://www.dt.co.kr/contents.html?article_no=2023071202109931820010&ref=naver

윤주영(2024.6.10). "최애 캐릭터와 세상 한탄"...네이버웹툰, 캐릭터 닮은 AI 챗봇 출시. ≪뉴스1≫, https://www.news1.kr/it-science/internet-platform/5441822

팽지립 · 윤기헌(2024). 2000년대 이후 한·중·일 웹툰 산업의 흐름. ≪만화애니메이션연구≫, 352-368쪽.

한광범(2024.4.25). 카카오엔터, IP비즈니스 대폭 강화...AI로 '웹툰 쇼츠' 만든다. ≪이데일리≫, https://www.edaily.co.kr/News/Read?newsId=02135286638859728&mediaCodeNo=257&OutLnkChk=Y

한국콘텐츠진흥원(2024). 『2023 웹툰 사업체 실태 조사』. 한국콘텐츠진흥원.

## 03
# AI와 게임 산업

게임은 AI와 프로그램, 가상 공간이라는 주요 특성을 대거 공유하고 있다. 게임에는 원천적으로 AI 기술과 연관성을 띠고 있는 다양한 지능적 기능이 분포한다. 게임 속 유닛, 몬스터, 스토리 전개 등 수많은 구성 요소들이 지능적으로 작동해 게임의 완성도와 흥미를 배가시킨다. AI 기술을 적극적으로 수용하고 있는 게임은 문화 예술적 가치와 속성을 지닌다.

AI와 난임 극복?

## AI 적용에 최적화된 대상으로서의 게임

대중예술 영역으로 적용 범주를 급격히 확장하고 있는 AI의 행보는 스토리, 그래픽, 음악 등 여러 문화 예술적 요소가 결합된 게임에 막대한 영향을 미치고 있다. 게임 산업 현장을 실제적으로 들여다보자. 글로벌 게임 플랫폼 '스팀'이 AI 제작 게임 유통을 허용한 지 3개월 만에 AI 활용 제작 게임이 1000개가 넘었고, 엔씨소프트는 국내 게임 업계 최초로 AI 전담 조직을 구성하는 식으로 게임 제작 속도와 콘텐츠 품질 향상을 위해 AI를 적극 활용하고 있다. 이러한 현상은 게임이 AI와 프로그램, 가상 공간 등의 특성을 공유함으로써 AI 적용에 최적화된 대상임을 보여 주는 사례다. AI를 통한 게임 제작과 운영은 게임의 몰입도와 상호 작용성을 크게 향상시키면서 게임 산업 전반에 새로운 가능성과 도전 과제를 제시하고 있다.

여기서 대중적인 취미 활동이자 e스포츠이기도 한 게임이 AI 개발 및 적용의 최적 대상인 이유를 구체적으로 살펴보자. 먼저 게임은 하나의 프로그램이고 동시에 가상 세계이기 때문에 상대적으로 AI를 적용하기가 용이하다. 게임은 기본적으로 게임 속에서 자체적으로 생성한 데이터를 기반으로 탑재한 AI를 학습시킬 수 있는 환경을 갖추고 있다. 두 번째, 가상 공간인 게임은 AI 적용에 따른 리스크에서 비교적 자유롭다. 이것은 새로 개발한 AI를 적용하고 실험하는 과정에서 현실에 비해 오작동에 따른 리스크를 줄일 수 있는 장점으로 작용한다. 세 번째, AI와 게임 모두 소프트웨어 프로그램으로 고부가 가치 창출 영역으로 이해할 수 있다. AI를 활용한 게임은 재미 요소가 클 수밖에 없으며, 이러한 특징은 자연스레 게임 제작사의 매출 증대로 이어지게 된다.

게임에는 원천적으로 AI 기술과 연관성을 띠고 있는 다양한 지능적 기능이 녹아들어 있다. 게임 속 유닛, 몬스터, 엔피씨(Non-Player Character: NPC), 스토리 전개, 전략 변화 등 수많은 구성 요소들이 지능적으로 작동해 게임의 완성도와 흥미를 높인다. 이와 같은 게임의 지능적 기능은 사용자 반응에 따라 택틱을 다르게 하는 기능에서부터 사용자 선택에 따라 게임의 진행과 결말이 달라지는 형태 등 다양성의 흐름을 보여 왔으며, 최근엔 게임 속 AI가 사용자의 패턴을 학습해 향후 게임 진행에 반영하는 형태로 진화하고 있다.

이처럼 AI 기술을 적극적으로 수용하고 있는 게임은 문화 예술적 가치와 속성을 내포하고 있다. 일방적으로 주어진 스토리를 보고 들으며 수동적으로 감상하는 것이 아니라 게임 제작자가 제공한 개방적 틀 내에서 이용자들의 다양하고 자유로운 선택에 따라 상호 작용을 통해 그것의 내용을 완성해 간다는 점에서 게임 이용자의 게임 플레이는 문화 예술적 가치를 지닌다고 볼 수 있다. 한편으로 이러한 논의는 AI 게임의 문화적 속성을 확인하게 만드는 측면이 있다. 현대 사회에서 게임 플레이는 게임 이용자의 여가 생활, 오락 및 취미 활동으로 일상에서 삶의 의미를 재구성하고 표현하는 방식이다. 결국 게임의 가치는 문화 활동으로서의 생활 양식으로 규정할 수 있다.

AI와 접목한 게임의 문화적 속성을 인정하는 과정에서 눈여겨보아야 할 지점은 게임 이용자의 이용 행위가 게임 자체의 문화 예술적 가치를 완성한다는 논의다. 통상 대중예술 여러 장르의 작품은 일방적으로 주어지며, 완결된 콘텐츠의 소비 과정에서 소비자가 작품 내용 자체에 개입하는 것은 극성팬의 요구에 의한 드라마 대본 수정 등 일부를 제외하고 사실상 불가능에 가깝다. 소비자의 창작적 개입은 근본적으로 불허되어 있는 구조로 파악하는 게 적절하다. 그러나 이와 달리 게임은 이용자의 적극적인 이용이 수반되어야 하나의 대중예술 콘텐츠로서의 속성이 완결된다. 후술하겠지만 어떻게 보면 게임은 개발자와 소비자 간의 상호 작용이 가장 두드러진 대중예술 장르의 하나로 파악할 수 있다. 이는 AI 게임 콘텐츠에도 그대로 적용되는 것으로, 이용자의 능동적 참여를 통한 가시적인 상호 과정이 AI 게임 콘텐츠의 스토리와 의미를 완성한다.

## 게임 산업의 AI 개발 및 활용

게임 분야는 유저(사용자)-콘텐츠 간 상호 작용이 가장 적극적으로 활용되는 장르로 분류된다. 게임 산업은 유저에게 보다 다양한 경험과 몰입감을 제공하기 위해 적극적으로 AI 기술을 적용하고 있다.

AI는 기본적으로 게임의 지능적 요소 고도화에 활용되는 중요한 기제다. 게임 내 몬스터나 캐릭터 등에 지능을 부여해 게임의 재미를 높인다. 일반적으로 게임 내 몬스터나 캐릭터는 정형화된 전투, 대화 등의 상호 작용 패턴을 보인다. 사용자가 패턴을 알아채면 공략이 너무 쉬워지거나 단조로운 상호 작용으로 인해 플레이의 흥미를 떨어뜨릴 수 있다. 그런데 AI를 적용할 경우 사용자의 실력과 상황에 따라 다양한 상호 작용이 가능하다. 적절한 난이도를 통해 사용자가 성취감을 느끼게 하고 게임에 대한 흥미를 유발한다. 사용자 캐릭터 주변의 엔피씨가 더 다양한 상호 작용으로 실제 사람처럼 행동하고 게임에 대한 높은 집중도를 선사할 수 있다.

이와 같은 흐름은 게임 기획, 제작, 유통 등 게임 분야 전반에 AI가 도입됨으로써 보다 선명하게 나타난다. 게임 콘텐츠의 AI 본격 활용으로 개발 시간 단축 및 개발 비용 절감 등 게임 제작의 효율성이 높아지고 있고, AI를 통해 게임 테스트를 자동화하면서 게임 내 버그 발견 확률을 높여 완성도 있는 콘텐츠를 제작할 수 있다. 또한 게임 내 발생하는 여러 이상 사례를 신속하게 탐지해 부정 작업장 및 불법 프로그램을 검거하거나 욕설을 제재하는 등 게임 유지 및 관리 측면에서의 AI 활용도 눈여겨볼 만하다. 기획에서는 AI 기반 시뮬레이션을 통한 게임 아이디어에 대한 타당성 검증을 비롯해 캐릭터, 세계관, 장소, 게임 레벨 등 게임 내 주요 설정 기획, 시뮬레이션을 통한 기획 의도 검증, 전투 및 성장 시뮬레이션, 밸런싱 사전 검토 등이 이루어지고 있다. 제작에서는 AI 활용 캐릭터, 물체 상호 작용 애니메이션 기술 개발을 필두로 모션 합성, 모션 변환, 얼굴 표정 애니메이션 등에 AI를 활용하고 있으며, AI 활용 게임 비지엠(Back Ground Music: BGM) 제작, 자동화된 테스트 스크립트를 통한 게임의 다양한 측면 테스트 및 버그 수정, AI 활용 게임 내에서 플레이어의 행동 시뮬레이션 및 플레이어 경험 평가 등에도 AI 기술이 도입되어 있다. 유통의 측면에서는 게임 불법 프로그램 및 어뷰징 탐지, 사용자 패턴 및 습관 분석을 통한 게임 퍼블리싱 및 마케팅, 초보자를 위한 스마트 가이드 제공 등에 AI를 활용한다. 예컨대 생성형 언어 모델을 기반으로 만들어진 엔씨소프트의 AI 서비스 플랫폼 '바르코(VARCO)'는 게임 개발자가 자신만의 독창적인 창작 활동을 이어 갈 수 있도록 지원하고 있다. '바르코'를 활용한 시나리오 제작, 캐릭터 및 배경 생성, 디지털 휴먼 생성 환경 등이 구축되어 있다. 해외로 눈을 돌리면 유럽 최대 게임사 중 한 곳인 유비소프트는 수작업으로는 4시간이 걸리는 모션 캡처 사전 작업을 AI를 활용하면서 4분으로 단축한 데 이어 고품질의 애니메이션을 구현하고 있다. 너티독의 플레이스테이션 게임인 '라스트 오브 어스'의 캐릭터 '엘리(Ellie)'는 AI 엔피씨로, 게임 진행에 따라 사실적인 반응을 해 사용자로 하여금 게임 속 주인공이 된 것 같은 느낌을 받게 한다.

게임의 보안과 유지 관리 측면의 AI 활용은 넥슨의 '라이브 봇 디텍션(LBD)'에서 찾을 수 있다. '라이브 봇 디텍션'은 게임 내 데이터를 자동으로 저장하고 딥러닝을 통해 분석해 게임 핵 등 불법 프로그램이나 어뷰징 등을 탐지한다. 이 시스템은 1% 미만의 오차율로 사용자의 행동 패턴이 얼마나 반복적인가를 밝혀내고 있다. 결론적으로 AI의 활용과 관련한 국내외 주요 게임 플랫폼의 경영은 AI를 통해 개인화된 게임 운영을 보여 주고 있으며, 사용자의 다채로운 경험 제공을 목적으로 하고 있음을 알 수 있다.

## 게임 산업의 AI 과제

우리나라 게임 산업은 성장을 거듭하면서 웹툰과 함께 대중예술을 대표하는 시장을 형성하고 있다. 문화체육부가 발간한 『2023 대한민국 게임백서』에 따르면, 2022년 국내 게임 산업 매출액은 전년 대비 5.8% 포인트 늘어난 22조 2149억 원으로 집계되었고, 수출 또한 89억 8175만 달러로 전년 대비 3.6% 포인트 증가했다. 같은 기간 국내 게임 산업 종사자 수는 총 8만4374명으로 전년 대비 3.0% 포인트 상승한 것으로 파악됐다. 전체적으로 우리나라 게임 산업은 세계 게임 시장에서 7.8%의 점유율로 미국(22.8%), 중국(22.4%), 일본(9.6%)에 이어 4위를 유지하고 있다.

게임 산업의 성장에 따라 게임사들은 시장 선점을 위해 치열하게 경쟁하면서 AI 관련 투자를 늦추지 않고 있다. AI 개발을 위한 전담 연구팀을 구성하고 인력을 대폭 확대하는 등 적극적인 투자와 연구 개발을 서두르는 모습이다.

게임 산업의 비약적인 외형적 성장 속에 AI를 활용한 게임의 대중예술적 영향력이 커지면서 해결해야 할 과제들도 적지 않다. 게임 내 AI 창작물이 늘어남에 따라 저작권 문제가 일차적 화두가 되었다. 온라인 자료들을 데이터로 학습해 제작하는 생성형 AI를 다각도로 활용하는 게임 산업은 캐릭터 이미지, 게임 제작 등 전반적인 운영 과정에서 저작권 침해 논란과 표절 이슈가 불거질 수밖에 없다. 이와 관련해 한국게임산업협회는 2024년 3월 게임 저작권 보호를 위한 가이드를 공개하면서 생성형 AI가 창작한 작품은 저작물성이 인정되지 않는다고 설명했다. 그러나 AI 창작물의 저작권을 인정하지 않는다고 해서 저작권 문제가 해결되진 않는다는 데 근본적 문제가 도사리고 있다. AI 창작물은 저작권이 인정되지 않더라도 기존 데이터를 무단으로 활용한 것이기 때문에 사실상 표절에 해당하며, 본래의 학습 데이터 저작권을 보호하지 않았다는 본질적인 논란은 여전히 남아 있다.

유럽연합은 저작권 보호를 규정하는 'AI 법' 도입에 합

의해 2026년 시행을 목전에 두고 있는 반면 우리나라는 2020년 이후 발의된 AI 관련 법안이 모두 국회에 계류 중이다. 정부는 게임 산업이 성장함에 따라 AI 창작물의 저작권 문제를 해결하기 위한 법률을 서둘러 제정해야 하며, 이를 통해 창작자와 게임 업체 모두 보호받을 수 있는 환경을 조성할 필요성이 있다.

## 참고문헌


김건호(2024.4.26). 엔씨소프트, 생성 AI 기술로 즐거움에 가속도 붙인다. ≪세계일보≫, https://www.segye.com/newsView/20240426510347?OutUrl=naver

김민규(2017). 게임의 문화적 위상에 대한 서설. ≪디지털콘텐츠와 문화정책≫, 61-62쪽.

문화체육관광부, 한국콘텐츠진흥원(2023). 『2023 대한민국 게임백서』. 문화체육관광부.

박혁태(2024.7.17). AI가 이끄는 콘텐츠 산업혁명, 현재와 미래. ≪코카포커스≫, https://www.kocca.kr/kocca/bbs/view/B0000141/2006536.do?menuNo=204144&categorys=0

임대준(2024.4.29). 스팀에 생성AI로 제작한 게임 1000개 넘어. ≪AI 타임스≫, https://www.aitimes.com/news/articleView.html?idxno=159216

조민식(2017). 청소년 온라인 게임문화에 관한 고찰: 상호 작용성을 기준으로 한 문화 파동을 중심으로. ≪한국융합인문학≫, 86쪽.

## 04
## AI와 영화 산업

AI 기술은 일반적으로 영화의 프리 프로덕션, 프로덕션, 포스트 프로덕션 등 세 단계 과정에 적용되어 영화 제작의 효율성을 증대시킨다. 거대 언어 모델 기반 AI 영화 제작 기술은 로토스코핑, 3D · 2D 환경 이미지 등에 적용되면서 영화 제작의 정확도와 시각 효과의 완성도를 높인다. 이러한 흐름 속에서 AI가 영화의 핵심 가치인 예술적 표현의 깊이와 감성을 훼손한다는 논쟁도 가열되고 있다.

AI와 사주?

## 영화와 AI의 공존

영화는 다양한 인적 자원과 엄청난 물적 자본이 소요되는 장르로, 기술이 결합해 만들어지는 전형적인 '편집예술'의 영역으로 정의할 수 있다. 산업적 측면에서 영화는 시장에 공급되기 전에 이미 제작비의 대부분이 소요되는 특징을 지니고 있어 투자 비용은 거의 매몰 비용으로 간주된다. 영화를 구성하는 전통적 요소 중 배우와 카메라는 핵심에 속한다. 적어도 1895년 12월 28일 오후 9시 프랑스 파리의 한 카페에서 뤼미에르 형제가 최초의 영화 〈열차의 도착〉을 상영한 이후 실존 배우 없는 영화는 상상할 수 없었으나, AI의 등장으로 영화 제작의 불문율이 깨질 조짐을 보이고 있다. 2024년 2월 아랍에미리트 두바이에서 열린 제1회 국제 AI영화제는 그것의 본격적인 신호탄이라고 할만하다. 한국 감독이 만든 〈원 모어 펌킨(One More Pumpkin)〉이라는 AI 영화가 대상을 수상하면서 영화와 AI의 조합은 더 이상 낯선 풍경에 머물지 않게 됐다. 장르적으로 호러 무비에 해당하는 〈원 모어 펌킨〉은 감독이 입력한 스크립트와 화면 구도의 전환이 적용되었으며, 모든 장면과 음성이 생성형 AI로 제작되었다. 영화에 출연하는 등장인물은 모두 실존 배우가 아닌, AI가 만들어 낸 기술적 결과물이다. 인간을 닮은 존재에 어느 순간부터 불편한 감정을 느끼게 되는 현상을 의미하는 이론인 '불쾌한 골짜기'가 이 영화 속 몇몇 장면에서 두드러지긴 하지만, 기괴한 장르물의 장점을 활용하는 AI 연출 방식이 이를 상쇄했다는 평가를 받고 있다.

전통적인 영화 제작 모델과 비교할 때 AI 영화 제작의 과정은 예술가에 의해 직접 창조되기보다는 프로그램으로 생성되는 특성을 지닌다(하오화웨 · 최원호, 2024).

AI 영화는 산업적 관점에서 중요한 함의를 지닌다. 이러한 맥락에서 특히 한국적 상황에서의 고찰은 필수적이다. 거대 자본에 의해 획일적인 제작으로 단기간에 빠르게 성장한 한국 영화 산업의 제작 생태계는 심각한 양극화를 겪고 있다. 관객 수 1000만 명을 넘긴 이른바 '대박' 영화와 100만 명의 관객도 찾지 않은 '쪽박' 영화만 존재하고 500만 명에서 800만 명 수준의 두터운 중간층을 형성하는 '중박' 영화는 실종되었다. 국내 영화 산업에서 목도할 수 있는 이 같은 기이한 현상은 영화 제작 시스템의 근본적 개선이라는 과제를 던지고 있다.

'부익부 빈익빈' 현상이 가속화하고 있는 국내 영화 산업의 위기 속에 생성형 AI의 출현은 대중예술 영상 분야의 중추적 장르인 영화가 안고 있는 문제를 일정 부분 해결할 수 있는 도구로 주목받는다. 즉 생성형 AI는 최소한의 제작비와 감독 등 스태프의 재능만으로 세계 시장과 만날 수 있는 혁신적이고 혁명적인 도구로 기능할 수 있을 것이란 기대로 이어지고 있다.

영화 산업에서 AI의 활용이 보편적이라고 보기엔 다소 무리한 측면이 있으나 국제적으로는 하나의 흐름을 형성하는 상황은 부인하기 어렵다. 2024년 5월 칸 국제 영화제 기간에 열린 칸 필름 마켓의 최대 화두는 다름 아닌 AI였다. 마이크로소프트사는 'AI가 차세대 스토리텔링을 강화하는 법'을 주제로 개최된 현지 콘퍼런스에서 현재 활용되고 있는 AI 기술 수준만으로도 시나리오 PDF 파일을 업로드하면 시놉시스 구조 분석, 적합한 로케이션 및 배우 추천이 가능하다고 강조했다.

## AI 영화 제작 기술의 발전

소라(SORA), 에뮤 비디오(Emu Video), 미드저니(Midjourney), 달리(Dall-E) 같은 거대 언어 모델(LLM) 기반 이미지 및 동영상 생성 AI 프로그램이 등장하면서 AI 영화 제작 기술은 발전을 거듭하고 있다. AI 영화 제작의 출발은 이미지 합성 기술인 딥페이크, AI 기반의 로토스코핑(Rotoscoping) 프로그램 알파간(AlphaGan)과

영화 흥행 예측 프로그램 시네리틱(Cinelytic) 등으로부터 시작되었다고 보는 게 일반적이다. 이러한 기술은 영화 제작 전반을 담당하기보다는 특정 파트를 대체하는 도구적 기능을 수행하게 되는데, 이를 영화 제작 1.0세대로 명명한다. 이를 거쳐 지금의 2.0 세대 AI 영화 제작 기술은 단순히 수공적인 시각 효과 작업 대체에 머물지 않는다. 인간과 문자로 소통하면서 작동할 수 있는 수준으로 발전했다. 거대 언어 모델 기반 AI 영화 제작 기술의 활용성은 매우 크다. 디지털 시각 효과의 중요한 파트이자 인간의 수작업이 많이 요구되는 로토스코핑, 3차원 애니메이션, 동영상 생성, 3D · 2D 환경 이미지, 버추얼 휴먼(아바타) 생성, 더빙 등에 적용되면서 영화 제작 과정에서 효율 및 정확도와 시각 효과의 완성도를 높이고 있다. 지금부터는 프리 프로덕션, 프로덕션, 포스트 프로덕션 등 영화 제작 세 단계별로 AI의 활용을 보다 구체적으로 살펴보기로 하자.

아이디어 개발, 시나리오 작성, 캐스팅 및 스태프 구성 등의 기획 과정인 프리 프로덕션 단계에서 AI는 캐스팅에서부터 시나리오 개발, 예산 책정, 로케이션 분석, 소품과 의상, 디자인 등 영화 구성 측면의 기여가 가시적이다. 예컨대 미국의 AI 기술회사 '시네리틱'은 영화 제작을 종합적으로 관리하는 솔루션을 제공해 흥행 가능성 분석부터 제작 예산과 전반적인 재무 관리까지 아우를 수 있는 영화 제작 과정의 전반적인 프로젝트 매니지먼트를 지원하고 있다. 할리우드 메이저 영화사인 워너브라더스와 디즈니도 영화 흥행 예측 기능의 AI 알고리즘을 활용해 영화의 수익성을 높이고 흥행 실패 위험을 관리하는 데 집중하고 있다. 주요 영화 기업들의 이러한 움직임은 기존의 기획 방식, 대본 작성, 캐스팅과 예산 책정 방식으로는 해결하기 힘든 과제들을 AI를 활용해 효율성을 추구하고 있는 것으로 이해할 수 있다.

두 번째, 프로덕션 단계에서 AI는 시나리오만 있으면 배우와 카메라, 조명 등 제반 영화의 주요 요소들이 없이도 단번에 영화를 제작해 준다. 앞에서 언급한 〈원 모어 펌킨〉 외에 〈AI 수로부인〉은 시나리오부터 제작, 편집까지 영화 제작의 전 과정을 AI로 만들었다. 영화의 캐릭터 생성, 대사 작성, 배경 음악 및 주제가 생성을 AI가 도맡았으며, 내용의 수정까지 AI가 담당했다. 이러한 형태의 제작엔 'GPT-4', '클로바X' 등 대형 언어 모델부터 '미드저니', '스테이블 디퓨전' 등 이미지 제작 및 비디오 생성형 AI가 동원되었다. 생성형 AI로 만들어진 영화가 상업용으로 제작되어 대형 멀티플렉스에서 상영되기도 한다. 동영상 생성 AI 전문 기업 '웨인힐스브라이언트AI'와 국내 대형 멀티플렉스 기업이 협업해 우주를 배경으로 한 3부작 옴니버스 드라마를 AI로 제작, 상영한 사례가 대표적이다. 주류 영화의 제작 과정에서도 AI 활용을 발견할 수 있는 단계에 이르렀다. 영화 〈원더랜드〉는 일부 대사를 유명 배우가 직접 연기하지 않고 AI 기술을 통해 이 배우의 목소리를 복제했다.

세 번째, 포스트 프로덕션 단계는 시각 특수 효과를 구현하는 과정이다. 시각 특수 효과는 상업영화에서 주로 사용하는 기술로, 영화의 완성도를 높이는 데 필수적인 요소로 통한다. 시각 특수 효과에 AI가 활용된 사례로는 액션 영화 〈제미니 맨〉을 들 수 있다. 여기서 남자 주인공은 1인 2역을 맡아 20대의 젊은 캐릭터와 50대 요원 캐릭터 사이를 연기했다. 영화는 20대의 배우 이미지를 보여 주기 위해 페이셜 애니메이션과 딥러닝을 적용해 젊은 시절의 배우 표정을 실감 나게 만들어 냈다. 포스트 프로덕션 단계에서 중요한 과정으로 꼽히는 자막도 AI가 맡고 있다. SKT가 개발한 AI 기반 '포스트 프로덕션 자동화 플랫폼'은 한글 자막 로고, PPL 이미지 제거, 보이스 손실 없는 현장 배경 음원 제거 등을 가능하게 한 기술로 평가받는다. 이를 통해 대부분 수작업으로 이루어져 높은 비용과 긴 소요 기간이 필요했던 포스트 프로덕션 기술 한계를 극복하는 성과를 가져왔다.

## 영화의 AI 활용을 둘러싼 논쟁

영화와 AI 기술의 동행은 앞에서 살펴본 바와 같이 영화 산업 발전에 긍정적 효과로 이어질 것이라는 기대감을 갖게 한다. 국내 영화계에서도 AI 기술 사용의 잠재적 가능성을 주목하는 분위기다. 그러나 영상을 대표하는 영화 장르에 AI를 접목함으로써 나타날 수 있는 문제와 관련한 논쟁 역시 회피해서는 안 된다. 그것은 몇 가지 관점에서 파악할 수 있다.

첫째, 세계 최대 영화 시장인 미국의 영화계는 제작자와 배우들이 인식하는 영화의 AI 활용에 대한 시각이 차별적으로 비친다. 생성형 AI 사용에 관한 논의는 2023년 미국 배우조합이 4개월의 파업 끝에 할리우드 스튜디오와 합의한 주요 쟁점에도 포함돼 이목을 끌었다. 핵심은 제작자가 생성형 AI에 배우의 식별 가능한 특징과 목소리 등을 학습시킬 경우 해당 배우에 대한 정당한 동의 절차 및 보상이 있어야 한다는 내용이다. 이는 미국 영화계가 AI 기술 수용에 대체로 보수적인 태도를 견지하고 있음을 보여 준다. 둘째, 영화 제작 과정에서 인간의 역할을 대체하는 AI가 영화의 핵심 가치인 예술적 표현의 깊이와 감성을 훼손한다는 논의다. AI를 통해 그럴듯한 연기를 보여 준다고 하더라도 인간 배우가 연기하는 과정에서 나오는 기발한 창조의 순간까지는 따라잡을 수 없을 것이란 입장으로, 결국 AI는 이미지를 전달할 뿐 감정 전달은 불가능하다는 판단으로 이해할 수 있다. 이러한 맥락에서 AI의 기술적 한계로 규정되고 있는 '일관성 부재' 는 전통적인 영화가 지닌 예술적 감수성을 담아내지 못하는 주된 이유 중 하나로 볼 수 있다. 이미지 생성형 AI의 한계 중 하나가 특정한 얼굴이나 배경을 지속적으로 재현하지 못하는 일관성의 부재로 파악될 수 있기 때문에 여러 컷에 걸쳐 같은 인물이 등장해야 하는 극영화는 더욱 큰 문제가 될 소지가 있다. 셋째, AI 영화는 저작권 분쟁에서 자유롭지 않다는 지점이다. AI 영화 제작에 사용되는 AI 툴 개발은 대부분 선행 학습이 동반되어 이루어진다. 특정한 정보가 담긴 방대한 사전 지식을 AI 도구에 훈련시키면 학습을 통해 자체적으로 해당 정보를 인식하고 결과물을 생성하는 원리다. 여기서 문제가 되는 건 이렇게 학습에 투입되는 정보를 선별할 때 원저작자에 대한 고려 없이 무작위로 진행된다는 점이다. 이 과정에서 저작권법에 명시된 '공정이용(공공 이익에 부합

할 경우 저작권자 허락 없이 복제하거나 사용해도 저작권 침해에 해당하지 않는다고 보는 예외 조항)' 규정을 편법적으로 이용했다는 일부의 지적이 존재한다.

### 참고문헌


김경미(2024.4.28). 캐머런 "각본 쓰고 영화 제작...AI가 날 대체할 수도", ≪서울경제 ≫, https://www.sedaily.com/NewsView/2D836ANPBD/GF0401

심은록(2023.12.15). 세계 최초 AI영화: 미술비평가 심은록, 영화감독 데뷔작 〈AI수로부인〉. ≪아트인컬처≫.

안유리(2022.4.10). 영상 자막도 AI가 단다, ≪이투데이≫, https://www.etoday.co.kr/news/view/2122294

윤영주(2022.6.8). 할리우드가 AI에 열광하는 이유. ≪AI 타임스≫, https://www.aitimes.com/news/articleView.html?idxno=145032

하오화웨 · 최원호(2024). 생성형 AI와 영화 산업에 관한 연구: ChatGPT에서 SORA까지, ≪글로벌문화콘텐츠학회 학술대회 자료집≫, 글로벌문화콘텐츠학회, 272-274쪽.

한국방송통신전파진흥원(2021). 미 할리우드의 인공지능을 활용한 효과적인 제작 기획 및 투자 결정 트렌드, ≪미디어 이슈 & 트렌드≫, 2쪽.

## 05
## AI와 방송 콘텐츠 산업

AI는 드라마, 예능, 뉴스 아티클 등 방송 콘텐츠 산업의 리얼리티를 극대화하는 데 기여한다. 방송 콘텐츠 산업에 도입된 여러 형태의 AI 기술은 기존 제작 방식의 한계를 보완하고 콘텐츠 제작 과정 전반을 변화시킨다. 하지만 디지털 초상권 침해 등의 문제도 유발한다. 생성형 AI를 활용해 무분별하게 만들어 내는 가짜 영상에 대한 우려는 방송 콘텐츠 산업이 당면한 과제다.

AI와 아이돌?

## 방송 콘텐츠 산업의 AI 활용 배경

산업분야별 AI 기술 개발과 적용에 관한 논의 확산에 방송 콘텐츠를 빼놓을 수 없다. 드라마, 예능, 다큐멘터리, 광고 등 방송 콘텐츠 분야 또한 생성형 AI가 주도하는 혁신의 범주에 들어 있다. 텍스트와 이미지를 생성하는 AI 등장에 이어 비디오(영상) 생성형 AI 기술이 빠른 속도로 발전하며 방송 콘텐츠 산업의 기획 · 제작 · 유통 · 소비 환경 전반에 변화가 일고 있다. AI가 방송 콘텐츠 산업의 가치 사슬에 중요한 영향을 미치고 있는 것이다. 방송 콘텐츠 산업에서 나타나고 있는 두드러진 변화는 첫째 AI 비디오 생성 기술 발전이 가져온 콘텐츠 제작 과정의 비용 및 시간 효율성 증대, 둘째 편집 · 자막 · 더빙 같은 콘텐츠의 후반 제작에서 AI 기술 적용으로 유통 과정의 시간적 · 지리적 효율성 강화, 셋째 검색 및 이용자 데이터 분석을 통한 개인 맞춤형 추천 강화와 이로 인한 콘텐츠 소비 확대 등으로 요약할 수 있다. 방송 콘텐츠 산업에서 새롭게 등장해 발전하고 있는 기술과 기업은 'AI 플랫폼'과 'AI 애플리케이션 서비스' 단계에 있는 것으로 파악된다. AI 플랫폼은 대규모 데이터를 학습해 질의응답, 정보 추출, 번역, 객체 인식 등에 적용할 수 있다. 구체적으로 방송 콘텐츠에서는 영상 속 인물의 객체 인식,

화자 인식, 텍스트 및 맥락 이해와 같은 기획과 연출 단계에 활용된다. AI 애플리케이션은 AI 플랫폼을 기반으로 만든 서비스로, 기입력된 명령어를 입력해 원하는 결과물을 추출할 수 있다. 방송 콘텐츠의 포스터 제작, 음원 생성, 텍스트 생성 등 후반 작업 및 유통 과정에 유용하게 활용할 수 있다.

방송 콘텐츠 산업의 AI 활용 배경에는 기술 발전과 콘텐츠 포맷 변화 등 두 가지 주요한 요인이 자리한다. 우선 기술 발전이 두드러진다. 소형 카메라의 등장과 고화질 CCTV의 장시간 촬영 등 방송 영상 기술 발전으로 출연자와 제작진의 경계가 사라진 '리얼 버라이어티'와 '리얼 관찰' 예능이 새로운 포맷이 된 바 있다. 이후 인터넷 기반의 방송 기술 발전에 따라 시청자의 실시간 참여가 확대된 예능 포맷이 등장했으며, 지금은 생성형 AI 기술이 AI에 의한 제작 또는 AI와 인간의 상호 작용을 통해 새로운 포맷 생성 가능성을 높이고 있다. 또 다른 배경으로는 AI와 같은 신기술 결합을 통한 콘텐츠 세계관의 확장이다. 방송 콘텐츠에서 이른바 '부캐(부캐릭터)'의 등장으로 실재와 가상의 경계가 허물어졌다. 출연자의 특징이 반영된 아바타가 등장하거나, 실재와 가상이 혼합된 '버추얼 휴먼' 아이돌이 등장해 음악 방송 1위에 오르는 장면을 어렵지 않게 목격할 수 있다. 특히 생성형 AI의 스토리텔링은 학습 알고리즘과 자연어 처리 기술로 매력적인 내러티브와 캐릭터 및 줄거리를 생성하면서 관련 콘텐츠의 주목도를 높이는 데 기여하고 있다.

## 방송 콘텐츠의 AI 활용 메커니즘

AI 기술을 활용한 방송 콘텐츠는 근본적으로 인간 중심의 콘텐츠 제작이 지닌 한계를 보완하는 특성을 지닌다. 인간에 국한됐던 드라마, 광고, 뉴스 같은 다양한 방송 콘텐츠 생산 및 소비 주체가 인간과 기계로 확장되었고, 나아가 더욱 효율적인 방식으로 방송 콘텐츠를 이용자에게 공급할 수 있게 되었다. 이것은 방송 콘텐츠 제작 과정에서 인간의 관여는 축소된 반면 AI 기술 구현을 위한 인프라가 마련됨으로써 저비용으로 고품질의 콘텐츠 제작이 가능해졌음을 시사한다.

그렇다면 방송 콘텐츠 제작 과정에서 활용되고 있는 AI 기술은 구체적으로 무엇을 의미할까. 방송 콘텐츠에 적용되고 있는 대표적인 AI 기술은 크게 이미지 · 동영상 기반, 텍스트 · 오디오 기반, 데이터 · 송출 기반 기술로 구분할 수 있다. 이 가운데 첫째, 이미지 · 동영상 기반 AI 기술은 제작 및 편집, 연출 등의 단계에서 주로 활용되며, 드라마와 예능, 다큐멘터리 등 장르를 구분하지 않고 다양한 목적으로 활용되는 기술로는 딥페이크 같은 '페이스 에디팅(face editing)'을 비롯해 '페이스 에이징 앤 디에이징(face aging & de-aging)', '오브젝트 이레이징(object erasing)', '슈퍼 레절루션(super resolution)' 등을 들 수 있다. 이러한 기술은 영상 인식 기반 딥러닝 기술 중 이른바 '간(Generative Adversarial Networks: GAN)'으로 불리는 적대적 생성 신경망 기술을 기반으로 작용한다. 얼굴이나 옷, 표정, 나이 같은 영상에 등장하는 인물의 특정 부분을 원하는 형태로 합성하거나 브랜드 로고와 기관명 등 영상 내 특정 객체를 제거한 후 제거된 부분을 자연스럽게 복원한다. '간'은 2014년 엔비디아의 이언 굿펠로가 개발해 제안했으며, 이후 200여 개의 파생 기법들이 개발된 것으로 알려져 있다. 이 같은 '간'의 파생 기법들은 TV 영상으로 활용될 여지가 크다. 이 가운데 디씨간(DCGAN)은 다양한 표정의 유명 연예인의 사진들을 만들어 낼 수 있다. 무표정한 남성을 결합해 웃는 남성 사진을 만들어 내는 식이다. 에스알간(SRGAN)은 낮은 해상도의 이미지를 초고해상도의 이미지로 탈바꿈시킬 수 있다. 둘째, 텍스트 · 오디오 기반 AI 기술은 편집과 유통 단계에서 활용되는데, 입력된 음성을 인식해 텍스트로 변환 처리함으로써 기계 처리를 가능하게 한다. 오디오 세퍼레이션(Audio Separation), 음성 향상 기술, 자막 생성 등이 여기에 해당하며, 대개 특정 오디오 복합음(음성, 음향, 잔향, 노이즈 등)을 재구성하는 데 활용되거나 입출력되는 음성을 바탕으로 자막을 자동 생성한다. 셋째, 데이터 · 송출 기반 AI 기술은 방송 콘텐츠 가치 재창출에 활용된다. 이 기술은 송출 과정에서 사용되는 네트워크의 특성을 바탕으로 새로운 방송 시스템의 도입 및 소비를 촉진한다. 예컨대 '메타데이터 자동 생성 기술', '추천 알고리즘', '미디어 학습 데이터 자가 증식' 등이 이에 해당한다. 이렇게 방송 콘텐츠 산업에 도입된 여러 형태의 AI 기술은 기존 제작 방식의 한계를 보완하고 콘텐츠 제작 과정 전반을 변화시키고 있다. 방송 콘텐츠 사업자는 기존 사업에 AI 기술을 도입함으로써 콘텐츠 다양화를 적극적으로 추진할 수 있는 토대를 마련했고, 소비자들에게는 이전에 경험하지 못한 색다른 콘텐츠를 제공하게 되었다.

방송 콘텐츠 중 뉴스 기사도 AI 기술 활용이 점차 확대되고 있다. 방송 뉴스도 텍스트 기사를 기반으로 만들어진다는 점에서 일차적인 처리 대상은 텍스트로 파악하는 게 일반적이다. AI 기술을 활용하는 방송 뉴스는 알고리즘 기사 작성이 대표적이라고 볼 수 있다. 알고리즘 방송 뉴스는 아직은 딥러닝에 기반하는 고도의 알고리즘에 의거하기보다는 일정한 규칙 체계에 의해 이벤트를 처리하고 템플릿을 활용해 기사 문장을 작성하는 수준이다. 알고리즘 기사는 인간 기자처럼 모든 분야의 기사를 작성하는 것이 아니라 스포츠, 증권, 사건 사고 등처럼 수치 데이터가 존재하는 부문에 한정된다. 최근엔 알고리즘을 활용해 데이터가 없더라도 기사를 구성하는 단서나 팩트를 제공하면 제한적이기는 하지만 딥러닝 기반으로 인간과 같이 뉴스 기사를 작성해 내는 시스템이 다수 개발되고 있다.

## AI 시대 방송 콘텐츠 산업 주요 이슈

AI 기술 활용이 방송 콘텐츠 산업에 미치는 영향은 창작을 중심으로 매우 다양하게 나타나고 있다. 창작은 다양성이라는 측면에서 살필 수 있으며, 그 영향은 양가적이다. 긍정적 측면에서는 AI가 창작을 보조해 제작의 문턱이 낮아지면 다양한 창작자가 제작에 뛰어들 수 있게 되고, 비용의 효율이 높아지면 예전에 없던 콘텐츠를 실험하거나 제작하는 일도 수월해질 수 있다. 반면 부정적 측면도 고려해야 한다. 흥행 예측으로 성공 공식을 갖춘 것으로 승인받은 특정 방송 콘텐츠에 투자가 몰려 우선적으로 제작이 이루어지면 다양성 위축은 자명해진다.

개인 정보 및 저작권 보호에 미치는 영향도 살펴볼 필요가 있다. AI 발달과 함께 데이터의 가치가 높아지면서 데이터에 포함된 개인 정보의 가치 또한 커지고 있다. 정교한 개인화 추천 알고리즘을 만들기 위해선 그만큼 세세한 개인 정보의 수집 및 분석이 필요하기 때문이다. 이러한 과정에서 방송 기업은 다양한 방식으로 자사의 콘텐츠 · 서비스 · 디바이스 이용자의 개인 정보를 기록하고 저장하게 된다. 이용자의 개인 정보 데이터가 충분하게 보호받고 적절하게 관리되고 있는지, 예를 들어 몇 년 전 출시 2주 만에 80만 명의 이용자를 모았지만 성소수자와 장애인 등 사회적 약자에 대한 혐오 발언으로 논란을 빚은 AI 챗봇 '이루다' 사태처럼 기업이 수집한 데이터가 외부로 유출될 우려는 없는지 등을 확인해야 하는 이유가 여기에 있다.

방송 윤리 이슈와 관련해 방송이 본격적으로 AI 시대로 진입하면 알고리즘 윤리 기준 마련의 필요성이 커질 수밖에 없다. 생성형 AI를 활용해 무분별하게 만들어 내는 가짜 영상에 대한 우려 또한 방송 콘텐츠 산업이 직면한 AI 과제로 부각된다. 딥페이크, 디에이징 기술 발전이 드라마와 광고 등에 집중적으로 활용되며 콘텐츠 몰입감을 증가시키고 있음은 부인하기 어렵지만, 한편으로는 가짜 정보나 가짜 뉴스 등에 활용되면서 SNS를 통해 빠르게 확산하고, 이것이 사회적 혼란으로 이어지는 부작용을 회피하기 어렵다.

### 참고문헌


박정양(2021.9.12). '이루다 사태'로 불붙은 'AI 윤리' 논쟁…'이로운 AI' 로드맵 나왔다. ≪뉴스1≫, https://www.news1.kr/it-science/cc-newmedia/4431115

반옥숙 · 이윤주(2024). 방송 영상산업 AI 활용 현황과 전망. ≪코카포커스≫, 6-9쪽.

이재현(2018). 포스트-텍스트: 알고리즘 시대의 텍스트 양식. ≪언론정보연구≫, 175-215쪽.

이재현(2019). 인공지능과 텔레비전: 기술, 활용, 이슈. ≪방송문화≫, 123-125쪽.

이지혜(2021). VR/AR 전문 인력양성방안 연구: 국내 산업정책 현황 분석과 해외사례분석을 통한 비교분석. ≪한국디자인문화학회지≫, 339-348쪽.

조용성 외(2020). 미디어와 AI 기술: 미디어 지능화. ≪한국방송학보≫, 92-101쪽.

최창욱 외(2022). 인공지능(AI) 미디어 제작환경 구축을 위한 정책과제 탐색. ≪한국방송학보≫, 8-9쪽.

Naing, H.M.S., Pa, W.P.(2018). Automatic speech recognition on spontaneous interview speech. Sixteenth International Conferences on Computer Apllications, pp.203-208.

## 06
# AI와 대중음악 산업

AI는 다양한 알고리즘을 활용해 더 효율적인 음악 창작 및 편집 기능을 제공하는 형태로 대중음악 산업 한가운데에 자리하고 있다. AI 기술은 음원 관련 유통 비즈니스에서도 영향력을 키운다. 개인이 지향하는 가치관이나 만족도를 바탕으로 제품을 구매하는 '가치 소비'라는 핵심 트렌드를 만들어 낸다. 대중음악의 AI 활용은 음악 교육에 직접적인 접목의 형식으로도 구체화하고 있다.

AI와 야구?

## AI가 바꾸고 있는 대중음악 산업 지형

대중음악의 미학적 가치는 클래식 음악의 그것과는 다른 차원에서 논의되는 흐름이 일반적이다. 오페라와 클래식 음악 등 이른바 '고급 음악(순수예술)'에서는 배제되던 대중성이라는 가치가 대중음악에서는 역으로 중요한 미학적 가치로 받아들여지고 있다. 대중음악은 사회 공동체와의 소통 수단으로 기능하고 있으며, 기술과 매개, 그리고 미디어적 기능의 영향하에서 규정되는 경향이 강하다. 대중음악의 습득 과정은 수용자의 추상적인 관조가 아니라 이들이 음악 속으로 완전히 흡수됨을 통해 완성된다. 이는 대중음악이란 하나의 개별화된 형식으로써 개개인 고유의 삶에 위치하고 있음을 의미한다. 산업적으로도 대중음악은 대중예술 전체 산업에서 차지하는 비중이 매우 크다. 한류로 대표되는 한국 대중예술의 세계화 현상을 주도하고 있는 주요한 산업 군으로 파악할 여지 또한 충분하다. 강력한 대중성을 특징으로 하는 이 같은 대중음악 산업은 AI를 만나면서 급격한 산업적 지형 변화가 나타나고 있다. 대중음악에 AI를 활용한 비즈니스는 빠른 속도로 성장하고 있다. AI 기능이 강조되기 이전에도 음악과 기술을 융합해 음원 등 대중음악 콘텐츠를 제작하는 사례가 있었으나, 작금의 변화는 이를 훌쩍 뛰어넘는다. 우리나라 대중음악 시장은 생산, 유통, 소비로 이어지는 일련의 가치 사슬 과정의 디지털화를 추월해 이용자들이 남긴 데이터의 의미를 읽기 시작하는 시대를 열고 있다.

AI 기술 발달과 함께 국내 대중음악 산업은 유통 플랫폼의 영향력과 역할이 음원 같은 주요 콘텐츠의 성공을 좌우할 정도로 증대했다. 기본적으로 대중음악 비즈니스는 개인의 취향이나 산업 전반의 환경에 영향을 받는 특성을 지닌다. 이에 덧붙여 IT 기술과 고도화된 소셜미디어 문화를 바탕으로 AI 알고리즘을 플랫폼 서비스에 실제로 활용하는 구체적인 사례가 늘고 있다. AI 기술은 단순한 음악만이 아니라 여러 음원 관련 유통 비즈니스 분야에서도 획일화된 특정 제품보다는 개인이 지향하는 가치관이나 만족도를 바탕으로 제품을 구매하는 '가치소비'라는 핵심 트렌드를 만들어 내고 있다. 음원 스트리밍 플랫폼에서 알고리즘 기술을 활용한 가장 대표적인 비즈니스는 이용자의 데이터를 학습한 뒤 이를 바탕으로 이용자 취향을 분석 · 추천하는 방식이다. 예컨대 2008년 스웨덴에서 서비스를 시작한 음원 스트리밍 플랫폼 스포티파이는 알고리즘을 통한 개인화된 추천곡과 플레이리스트 제공으로 세계 최대의 음원 플랫폼으로 성장했다. 스포티파이가 주도한 음원 스트리밍 플랫폼 체제에서 글로벌 이용자들은 단순하게 음원 차트 상위권 음악을 청취하기보다 AI가 추천하는 취향에 맞는 음악들로 구성된 자신만의 플레이리스트를 소비하는 추세가 갈수록 뚜렷해지고 있다.

## 대중음악의 AI 활용 방식

AI를 활용한 대중음악 활동의 중심에는 창작이 있으며, 이는 몇 가지로 분류할 수 있다. 먼저 알고리즘에 의해 작곡을 하는 방식으로, 이것은 기계 학습 방식 중 하나인 딥러닝 기술로 강한 AI 실현을 가능하게 하는 기술이다. AI 작곡 프로그램으로는 스페인에서 개발된 '멜로믹스(Melomics)'를 들 수 있다. '멜로믹스'는 멜로디의 유전학이라는 의미로 '아야무스'로 불린다. '아야무스'는 주제적 요소를 창의적으로 진화시켜 발전해 나가는 인간의 창작 행위와 흡사하다. 또 미국에서 처음 선보인 '쿨리타'라는 AI 작곡 프로그램은 특정 작곡가의 스타일을 모방해 새로운 음악을 작곡할 수 있으며 특정 악보를 데이터베이스로 삼아 작곡의 패턴을 분석한 뒤 해당 작곡가의 스타일대로 곡을 만들어 내는 게 가능하다(Smith, 2013). 1인 미디어 창작자를 위한 작곡 애플리케이션 활용 방식도 있다. 창작자가 직접 BGM을 제작하고 사용자가 원하는 테마를 입혀 다양한 음악을 만들어 낼 수 있는 딥러닝 기반의 작곡 애플리케이션 서비스를 통해 작곡에 대한 접근성을 높이고 진입 장벽은 낮춰 독창적이고 풍성한 음악 결과물을 만들 수 있다(김보경 외, 2021). 대중음악 산업에서 AI 작곡 프로그램은 상업적 활용이 두드러지고 있으며, 서비스의 확장도 눈여겨볼 필요가 있다. AI 작곡 보조 서비스는 이용자들의 구독료를 통해 수익을 창출한다. 프롬프트 입력은 결과물을 도출하게 되며, 이것은 대중음악 창작 종사자와 일반인 모두에게 공통의 효용을 제공할 수 있다. 특히 창작자들에게 AI 작곡 보조 서비스는 실용적 가치가 높은 편이다. 데모나 초안 수준의 창작물 서비스를 선사함으로써 최종 창작물을 생성하는 전체 작업 중의 한 과정을 채워 주는 역할을 담당한다고 볼 수 있다. AI 작곡 프로그램은 이처럼 플랫폼 서비스에는 구독료 수익을 가져다주지만 구독료 이외의 수익 창출도 예상할 수 있다. AI를 활용해 만들어진 음악이 판매되어 수익이 창출되면 서비스 제공자는 창작자와 그 수익을 배분하는 구조를 띠게 된다.

다음으로 AI를 활용한 음성 생성 이슈를 사례를 중심으로 살펴볼 필요성이 있다. 국내 대중음악에서는 AI 기술을 통해 음성을 만들어 내고 있으며, 그것은 글로벌 확장성 제고와 가상 아이돌 음성 구현 등 두 가지 측면에서 논의할 수 있다. 국내 유명 기획사의 '미드낫(MIDNATT)' 프로젝트는 AI 음성 생성으로 글로벌 확장성을 높이는 시도로 이해할 수 있다. 아티스트 미드낫의 'Masquerade'는 2023년 5월 한국어를 비롯해 영어, 일본어, 중국어, 스페인어, 베트남어 등 6개 국어 버전을 동시에 공개했다. 이 프로젝트는 미드낫이 6개 언어로 각각 노래를 불러 녹음한 뒤 AI를 활용해 한국어가 아닌 5개 언어의 발음을 각 언어가 모국어인 사람이 부르는 것처럼 자연스럽게 교정해 소개하고 있다. 노래 중 일부는 남자 아티스트인 미드낫의 목소리를 여자의 목소리로 바꾸어 삽입하기도 했다. 이처럼 아티스트 한 명이 AI를 활용해 다양한 언어의 노래를 만들어냄으로써 AI의 글로벌 확장성의 가능성을 높이고 있다.

버추얼(가상) 아이돌이 AI를 활용해 음성을 구현하는 과정은 관련 시장이 확장되고 있는 우리나라와 일본 등 일부 국가에서만 제한적으로 수용되고 있으나, 대중음악 산업에서는 버추얼 아이돌의 상품성에 대한 기대와 AI 기술 활용이 맞물리면서 수익화 방안을 적극적으로 모색하는 분위기다. 그러나 AI를 활용한 버추얼 아이돌의 음성 구현의 미래가 지속성을 띠고 있다고 보기엔 무리가 따른다. 실제 아이돌에 비해 열애설이나 사건 사고 등 돌발 리스크가 없는 버추얼 아이돌에 대한 관심이 늘고 있는 것은 사실이지만, 이러한 트렌드가 AI를 활용해 음반을 발매하는 버추얼 아이돌의 산업적 효과로 이어질 수 있을지는 불투명하다.

## AI 창작 저작권 쟁점과 대중음악 산업 영향

대중음악에서 활용되는 AI 기술은 일반인도 다양한 AI 모델과 프로그램, 플랫폼을 통해 손쉽게 음악을 작곡할 수 있는 시대를 열었다. 이러한 흐름은 대중음악 산업의 규모를 키우는데 일조하는 측면이 있지만, AI 대중음악 창작 시장이 커질수록 저작권 이슈도 비례해 불거지는 양상을 주목해야 한다. AI 대중음악이 갖는 한계를 보자면, 국내에선 제도적으로 저작권 문제가 해결되지 않고 있으며, 해외에서는 유명 아티스트의 목소리를 활용해 노래를 만드는 딥보이스 기능이 문제가 되고 있다. 이와 관련해 국내 AI 작곡 프로그램 '이봄(EvoM)'의 음원 저작권 갈등은 논쟁적이다. 2022년 7월 한국음악저작권협회는 한 대학교수팀이 만든 '이봄'의 음원 저작권료 지급 중단을 결정했다. '이봄'의 저작권료 지급 중단 이유는

'저작권법' 제2조가 규정한 '저작물은 인간의 사상 또는 감정을 표현한 창작물'이라는 조항에 따른 결정이다. 하지만 '이봄' 개발팀은 "AI가 만든 곡을 인간 작곡가들이 조금만 변형해 각자가 자신의 것이라고 주장할 수 있고, 그 곡이 히트하면 인간 간 표절 시비도 발생할 수 있다. 반대로 원작자가 AI로 인정받게 되면 인간 작곡가의 변형 작품은 2차 저작물이 되기 때문에 인간과 인간 사이엔 분쟁이 일어나지 않을 수 있다"는 입장을 고수하고 있다. 이처럼 AI 대중음악의 저작권을 둘러싼 논의는 AI의 활용 못지않게 본격화하는 분위기다.

AI 대중음악 창작의 한계는 딥 보이스 기능에서도 확인할 수 있다. 최근 몇 년 사이에 SNS에 꾸준히 업로드되는 AI 커버 노래가 그것의 사례로, 전문 음악가가 아니지만 여러 AI 모델과 프로그램, 뮤직파이(Musicfy) 같은 플랫폼을 통해 손쉽게 가수의 목소리와 반주를 분리해 가공하는 경우가 늘고 있다. 세계적인 힙합 가수 카니예 웨스트와 드레이크, R&B 가수 위켄드 등의 음악이 주요 AI 창작의 재료가 된다. 처음에는 이들의 목소리를 빌려 기존에 존재하는 곡을 커버하는 단계에 그쳤으나, 완전히 새로운 창작물을 창작자 동의 없이 발표한 사례가 등장하며 AI 창작물에 대한 저작권 침해 및 윤리 논쟁이 갈수록 가열되고 있다.

이 장의 결론은 명료하다. AI가 대중음악 창작 등에서의 보조 도구로 활용되고, 때로는 직접적인 음악 창작자로 활동하며 영역을 확장하고 있음은 분명하다. 이러한 흐름에 걸맞게 대중음악의 AI 활용 과정에서 나타나는 저작권 및 창작자 주체 문제 등 핵심 쟁점에 대한 논의를 서둘러야 할 때다. 산업적 측면에서도 대중음악 종사자에게 미칠 부정적 영향과 관련한 정책적 대안을 모색할 필요가 있다.

## 참고문헌

김보경 외(2021). 1인 미디어 창작자를 위한 딥러닝 기반 어플리케이션. ≪ACK 2021 학술발표대회 논문집≫, 한국정보처리학회, 1148-1151쪽.

박선민(2024.7.4). “저 부른 적 없어요” 박명수·장윤정이 우려한 AI 커버곡, 결국. ≪조선일보≫,| https://www.chosun.com/national/national_general/2024/07/04/L6SVSXEHIZFR5G4MBNMED3NEX4/

손승우(2016). 인공지능 창작물의 저작권 보호. ≪정보법학≫, 83-110쪽.

오세욱 · 최순욱(2016). 미디어 창작도 기계가 대체하는가?: ‘휴머리즘(human+algorithm)’ 미디어의 가능성 혹은 한계. ≪방송통신연구≫, 9-36쪽.

이아름 외(2023.6.19). AI 시대, 오늘의 음악. ≪코카포커스≫,

https://www.kocca.kr/kocca/bbs/view/B0000141/2003394.do?menuNo=204145

최재원(2017). 인공지능 창작물에 대한 저작권의 주체. ≪문화 미디어 엔터테인먼트 법≫, 117-137쪽.

한국콘텐츠진흥원(2023). 『2022 음악산업 백서』. 한국콘텐츠진흥원.

Covington, P., Adams, J., & Sargin, E.(2016). Deep neural networks for youtube recommendations. In Proceedings of the 10th ACM conference on recommender systems, 191-198.

Smith, S.(2013.1.3). Iamus: Is this the 21st century's answer to Mozart? BBC News. https://www.bbc.com/news/technology-20889644

## 07
# AI와 OTT 산업

AI 기술 발전에 따라 OTT 플랫폼에 AI 도구가 통합되는 방식은 더욱 진화하고 있다. AI 기반 추천 엔진은 사용자에게 고도의 개인화된 콘텐츠 추천을 제공함으로써 OTT 환경을 재편하는 데 앞장서는 흐름이 뚜렷하다. 특히 OTT의 절대 강자 유튜브는 추천 후보 생성 모델과 순위 평가 모델 등 두 개의 신경망으로 구성된 AI 추천 시스템을 통해 산업적 수익을 극대화하고 있다.

AI와 윤동주?

## AI와 결합한 OTT 산업

OTT는 온라인 동영상 서비스를 뜻하는 '오버 더 톱(Over The Top)'의 줄임말로 '셋톱박스를 넘어서'라는 의미를 갖고 있다. 기존의 통신 및 방송 사업자를 넘어서 제3의 미디어 제공 사업자들이 인터넷을 통해 드라마와 영화, 예능, 다큐멘터리 같은 다양한 대중예술 콘텐츠를 장소와 시간 제약 없이 제공하는 특징이 있다. OTT는 실시간 스트리밍 서비스로 스마트폰이나 태블릿 PC 같은 어느 디바이스에서나 접속 가능하고 고객에게 맞춤형 서비스를 제공한다.

OTT 산업은 매년 성장세를 이어 가고 있다. 2014년 1926억 원 규모였던 국내 OTT 시장은 이후 연평균 26%의 성장률을 기록하면서 2023년에는 무려 5조 6000억 원에 달했다. OTT 산업이 이렇게 비약적인 성장을 할 수 있었던 주요한 요인으로는 유튜브와 넷플릭스로 대표되는 OTT 기업들이 AI 기반 개별 맞춤식 추천 서비스를 보편적으로 제공한 것을 꼽을 수 있다. 국내외 OTT는 개인별 맞춤형 콘텐츠 추천 시스템을 적용하기 위해 AI 시스템을 경쟁적으로 도입하고 있다. 이러한 흐름은 OTT가 AI 기술을 적극적으로 활용하지 않고서는 존재하기 어렵다는 사실을 시사한다. OTT 플랫폼의 AI 도입은 대중예술 콘텐츠 소비 방식을 근본적으로 변화시키고 있다. OTT 업계의 경쟁이 치열해지면서 AI의 활용은 사용자 참여와 콘텐츠 제공에 혁신을 가져온다. OTT의 AI 접목은 '게임 체인저'로 부를 정도로 위력이 강해졌다고 볼 수 있다. 먼저 OTT와 AI의 통합이 미치는 영향과 이를 통해 사용자 경험을 향상시키는 혁신적인 방법을 논의할 필요가 있다. 일차적으로 AI 기반 추천 엔진은 사용자에게 고도로 개인화된 콘텐츠 추천을 제공함으로써 OTT 환경을 재편하는 데 앞장서고 있다. OTT 플랫폼은 머신러닝 알고리즘을 활용해 사용자 선호도, 시청 기록, 행동 패턴을 분석하고 맞춤형 콘텐츠 추천을 큐레이션 할 수 있다. 또한 AI 기술은 OTT 플랫폼 내에서 콘텐츠 분류와 메타데이터 보강을 개선하는 데 중추적인 역할을 한다. AI 알고리즘은 자연어 처리(NLP)와 컴퓨터 비전을 통해 콘텐츠를 분석하고 설명적인 메타데이터로 태그를 지정해 사용자가 특정 장르, 배우 또는 주제를 더 쉽게 검색할 수 있도록 도와준다. 특히 AI 기반의 동적 콘텐츠 개인화 기능을 통합하면 OTT 플랫폼이 사용자에게 상황에 맞는 타겟팅 된 콘텐츠를 실시간으로 제공할 수 있다. 이 과정에서 AI 기술은 실시간으로 사용자 상호 작용과 선호도를 분석해 콘텐츠 추천, 광고 배치, 사용자 인터페이스를 동적으로 조정함으로써 더욱 매력적이고 몰입도 높은 시청 환경 조성으로 이끌 수 있다. AI 기반의 예측 분석 도구는 OTT 플랫폼이 시청자의 행동, 선호도, 시청 패턴에 대한 심층적인 인사이트를 확보할 수 있도록 지원한다. 이러한 도구는 사용자 상호 작용, 시청 습관, 인구 통계 정보를 포함한 방대한 양의 데이터를 분석해 사용자 트렌드, 콘텐츠 성과, 시청 패턴 등을 예측할 수 있다.

AI 기술 발전이 가속화하면서 OTT 플랫폼에 AI 도구가 통합되는 방식은 더욱 진화해 콘텐츠 개인화, 인터랙티브 경험, 예측 분석의 새로운 지평을 열게 될 가능성이 커지고 있다. 인터랙티브 스토리텔링과 몰입형 콘텐츠 경험부터 실시간 콘텐츠 적응에 이르기까지, OTT 플랫폼에서 AI가 주도하는 혁신의 가능성은 무궁무진한 셈이다.

AI의 OTT 역할에서 제작자를 위한 콘텐츠 환경 개선도 빼놓을 수 없다. 콘텐츠 제작자는 AI의 각종 지능형 도구를 활용해 제작 과정을 간소화한다. 대표적으로 콘텐츠 제작 단계를 단순화하고 시간을 단축할 수 있는 기능을 사용한다. 또한 창작자가 새로운 콘텐츠를 제작할 때 데이터를 기반으로 판단할 수 있는 근거를 제시하고 창작 프로세스를 개선한다.

OTT 플랫폼이 창작자와 제작자의 권리를 보호함으로써 안전하고 신뢰할 수 있는 콘텐츠 업계의 환경을 유지하는 것이 매우 중요하다고 한다면, AI의 발전된 기술이 알고리즘과 결합해 저작권 위반을 탐지하는 등 콘텐츠 저작권자의 지적재산을 보호하는 데 역할이 커질 수 있다. AI가 OTT 콘텐츠 저작권 보호에 순기능으로 작동할 수 있는 것이다.

기본적으로 OTT 플랫폼을 만난 AI 기술은 이용자 선호에 기반해 제목 추천을 추진하고 콘텐츠를 큐레이팅함으로써 이용자 개인화를 가속화한다. 예컨대 넷플릭스의 VOD 추천 서비스는 빅데이터를 기반으로 소비자 유형을 7만 8000가지로 구분하고, 시네매치(Cinematch)라는 자체 개발 알고리즘을 통해 취향에 맞는 영화를 추천해 줌으로써 비용 절감 및 고객 만족도 개선에 기여한다. '10대의 놀이터'로 알려진 틱톡(Tiktok)의 급속한 성장은 이용자에게 특유한 일련의 비디오 클립을 제공해 주는 기계 학습 알고리즘이 자리한다. AI의 기술 적용으로 OTT 서비스는 데이터 우선 접근 방식을 택해 수집되는 데이터의 처리 공정을 클라우드로 이동시키고 있다. 이에 대응해 마이크로소프트의 클라우드 서비스 애저

(Azure)는 동영상으로부터 대사, 얼굴, 대상, 행동, 키워드 등의 메타데이터를 추출하는 미디어 AI 기술을 공개 API로 제공함으로써 OTT가 추천 엔진, 개인화, 맞춤화 서비스를 강화하는 데 이용하도록 하고 있다. 국내에서도 일부 OTT 플랫폼의 영화 추천 서비스는 이용자가 자신이 본 영화에 별점을 매기면 취향을 분석해 좋아할 만한 영화를 추천하는 서비스로서 AI가 적용된다.

## 유튜브의 AI 기술 활용

AI 기술을 활용해 산업적 수익을 극대화하고 있는 유튜브의 AI 추천 시스템을 파악해 보자. OTT의 절대 강자로 인식되고 있는 유튜브의 AI 추천 시스템은 추천 후보 생성 모델과 순위 평가 모델 등 두 개의 신경망으로 구성된다. 추천 후보 생성 모델은 사용자 파악 개별 정보인 사용자의 동영상 ID, 검색 키워드, 사용자 위치, 나이, 성별과 사용, 유튜브 콘텐츠 시청 이력 등 다양한 정보를 구체적으로 파악해 사용자가 선호하는 콘텐츠 시청 트렌드를 심층 신경망에 입력한다. 추천 모델 알고리즘은 사용자가 선호할 것으로 예측되는 수만 개의 동영상 콘텐츠에서 시청할 가능성이 높은 몇백 개의 콘텐츠를 선정한 후 시청 확률이 높은 순서대로 추천한다. 순서 평가 모델은 타깃 동영상과 사용자에 대한 추천 후보 모델에게 적용된 다양한 정보를 기반으로 기존 사용자가 가장 높은 선택률을 보여준 동영상과 사용자가 끝까지 시청할 확률 가능성을 예측 모델링하여 동영상 몇 개를 추천하는 시스템이다. 만일 사용자가 순위 평가 모델이 제시한 추천 동영상을 시청하지 않았다면 후속 추천 리스트에서는 해당 동영상이 배제되며, 그다음 순위 동영상을 추천 리스트로 표시하는 식이다. 이러한 프로세스가 반복되면서 사용자가 선호하는 동영상을 맞춤식으로 제공하게 된다.

AI 기술은 유튜브 같은 OTT 플랫폼의 콘텐츠 제작 패러다임에 일대 변화를 가져오고 있다. 이용자 유입을 위한 콘텐츠 확보가 OTT 산업의 핵심적인 전략으로 자리하게 되었고, 이런 가운데 새로 등장하는 분야가 간(GAN) AI 기술을 활용한 가상 인플루언서다. 가상 인플루언서는 영상 미디어 콘텐츠와 AI가 결합한 콘텐츠로 이해할 수 있다. 유튜브와 SNS 등에서 막강한 영향력을 행사하고 있는 가상 인플루언서는 패션모델, 광고모델, 가수 등으로 활동 영역을 빠르게 넓히면서 관련 산업의 고속 성장을 주도하는 흐름을 보인다. 예컨대 인스타그램 기준으로 300만 팔로워를 보유한 미국의 릴 미켈라는

AI 스타트업 브러드(BRUD)가 2016년 로스앤젤레스에 사는 브라질계 19세 가수를 설정해 만들었다. 지금은 패션잡지 모델과 광고 등 다방면에서 활동하며, 명품 브랜드 모델로 기용된 바 있다. 국내에선 CES2021 LG전자 프레스 콘퍼런스에 MC로 등장한 레아 등이 대표적이다. 진짜와 구분하기 힘든 실제와 같은 정교한 가짜를 만들어 내는 딥페이크 기술로 탄생한 가상 인플루언서는 유튜브를 적극적 마케팅 플랫폼으로 활용하면서 활동 영역을 확장해 가고 있다. 주요 기업들은 이 같은 가상 인플루언서를 통한 유튜브 마케팅에 무게 중심을 급격히 이동하는 모습이 나타난다.

최근에는 유튜브 쇼츠(숏폼 콘텐츠) 동영상에서도 AI가 다양하게 활용되는 추세를 보이고 있다. 특히 '양산형 쇼츠'로 일컬어지는 쇼츠에서 이러한 현상이 두드러진다. 다른 인터넷 사이트에 올라있는 이른바 '썰(이야기를 뜻하는 신조어)' 등을 가져와 영상으로 만드는 쇼츠는 예전과 달리 AI 이미지를 생성해 영상을 제작하는 경우가 대부분이다. 다른 유형의 양산형 쇼츠도 AI를 활용하는 경우가 많은데, 이는 일종의 수익형 부업으로 연결되고 있다. '유튜브 링크를 입력하면 자동으로 쇼츠를 만들어 드립니다'라는 홍보 문구를 달고 있는 AI 프로그램에

접속해 해외 유튜브 영상 링크를 입력하면 자동으로 조회 비율이 높은 부분을 골라 번역된 자막을 생성해 준다.

생성형 AI를 활용해 쇼츠를 제작하는 과정을 정리하자면 쇼츠로 만들고 싶은 유튜브 영상 링크 입력, 쇼츠로 만들고 싶은 영상 구간 선택, AI가 해당 구간 중 가장 높은 부분을 선정, 줄어든 길이 형태로 영상 생성(통상 1분 이내), 화면에 맞는 자막을 AI가 자동으로 번역, 선정해 삽입, 쇼츠 완성 등의 순으로 진행된다.

## 참고문헌

고찬수(2018). 『인공지능 콘텐츠 혁명 』. 한빛미디어.

곽규태(2019). 『데이터 테크놀로지와 커뮤니케이션 연구』. 커뮤니케이션북스.

남창섭(2021). ISP의 OTT 트래픽 품질 모니터링과 예측에 관한 연구. ≪한국정보전자통신기술학회 논문지≫, 115-121쪽.

이성민(2021). 글로벌 OTT 사업자의 콘텐츠 IP 전략과 시사점: 디즈니와 넷플릭스 사례 비교를 중심으로. 미디어 이슈&트렌드, https://www.kca.kr/Media_Issue_Trend/vol43/sub01_02.html

전상훈 · 신승중(2021). 인공지능 맞춤 추천서비스 기반 온라인 동영상(OTT) 콘텐츠 제작 기술 비교. ≪한국인터넷방송통신학회 논문지≫, 100-103쪽.

홍대식(2020). 인공지능 기술과 유료방송 미디어 규제에 대한 도전. ≪언론정보연구≫, 101-103쪽.

James, L.(2018). Transforming the media industry with AI, The

Record, Issue 9, 64–67.

# 08
# AI 대중예술 창작물의 윤리적 이슈

AI 대중예술 창작물이 산업계에 미치는 영향은 갈수록 커지고 있다. 이에 비례해 윤리적 이슈 역시 필연적으로 동반한다. 영상과 그래픽 분야에서 활용되는 딥페이크 기술을 둘러싼 윤리적 이슈가 매우 중차대한 쟁점으로 다뤄지는 식이다. 주요 나라는 AI 대중예술 창작물의 윤리적 문제를 해결하기 위한 윤리 기준을 속속 만들어 내고 있다. 이것은 기술 오용과 데이터 편향성 같은 AI 윤리 이슈 대응 방안의 성격을 내포한다.

AI와 한의학?

## AI 윤리의 개념

AI 윤리는 '인공지능 관련 이해관계자들이 준수해야 할 보편적 사회 규범 및 관련 기술'이라는 개념적 정의가 가능하다. AI 윤리는 과학 기술 영역에서 행위자의 활동이 야기한 사건이나 결과에 대한 윤리적인 가치를 이해하고 도덕적 쟁점을 해소하며 윤리적 판단을 정당화하는 것을 의미하는 공학 윤리와 달리 인간과 같은 수준의 윤리적인 가치가 해결되어야 궁극적으로 생산성과 이익이 확보될 수 있다는 방향성을 갖는다. 데이터 편향성 등에 의해 비윤리적인 알고리즘이 개발되고 확산하면 비윤리적인 알고리즘을 탑재한 AI 제품과 서비스의 수요가 증가하게 되고, 이에 따른 사회적 비용이 증가함으로써 지속 가능한 기술 및 산업 발전은 어려워질 수 있다.

인간에게 부여된 전통적인 가치나 윤리 프레임은 너무 복잡해서 AI의 연역적 의사 결정 시스템을 통해 구현하기는 매우 어렵다. 보다 근본적으로는 인간의 윤리와 AI 윤리는 본질적인 차이가 있다. 또한 AI 윤리는 기술 자체가 아니라 우리 사회가 AI에 요구하는 알고리즘 개발의 조건으로 개발자가 지켜야 할 규범이라고 한다면, 전통적이고 근본적인 인간의 윤리 가치가 아닌 현재 사회의 가치를 수용하고 다양한 사회 구성원들의 요구와

의사를 반영할 필요가 있다.

AI 윤리는 AI 기술의 개발과 사용에 있어서 옳고 그름의 표준을 제시하는 도덕적이고 윤리적 지침의 가치, 원칙 및 기술의 총합이라는 시각을 주시할 필요가 있다. AI 윤리에 포함되어야 할 가치, 원칙, 기술 등은 도덕적이고 공정하며 안전한 애플리케이션을 개발하는 데 필요한 기본적 책무를 설명하는 것이어야 한다. 특히 AI의 오남용, 설계 오류, 의도하지 않은 부작용 등으로 인한 개인과 사회적 손실에 대한 예방책이라는 점을 염두에 두고 규정되어야 한다.

AI를 둘러싼 윤리적 이슈는 생성형 AI가 개발되면서 다발하고 있다. AI는 방대한 데이터를 기반으로 텍스트, 이미지 등의 창작물을 만들고 있고, 수익을 좇아야 하는 기업들은 다양한 서비스를 생산하고 출시하는 데 주저함이 없다. 이러한 과정에서 AI가 만들어 낸 대중예술 창작물(콘텐츠)이 인간과 사회에 미치는 긍정적 · 부정적 영향에 대한 고려와 결과물 사용 방안 등에 관한 윤리적 문제를 정립하는 것은 절대적으로 필요한 과제일 것이다. 그러나 상당수 기업들은 AI 윤리 이슈에 대한 고민 없이 AI 창작물을 사회에 배포하면서 개인 정보 유출과 결과물 악용 같은 여러 윤리적 이슈를 자초하는 양상이 전개되고 있다.

AI 윤리의 필요성과 관련한 논의에서 주요하게 등장하는 키워드는 책임성이다. 기계에도 책임을 부과할 수 있는가에 대한 논의다. AI 기술이 점점 복잡해지고 스스로 학습하고 의사 결정하는 시스템으로 진화할수록 인간이 AI를 직접 통제하거나 개입할 여지가 줄어들게 됨에 따라 책임의 문제를 인간에 한정해서 적용한다면 오히려 책임 공백의 문제가 발생할 수 있다는 지적도 살펴야 한다.

## AI 창작물에 내재한 윤리

대중예술 산업에서 AI는 점점 더 창작의 영역을 확대해 나가는 추세를 보이고 있다. 예컨대 대중음악에서 영상과 음성 콘텐츠의 중요성이 커지면서 저작권 걱정 없이 간단한 배경음악으로 사용할 수 있는 음원에 대한 수요가 늘었으며, AI를 활용한 음악 창작은 여기에 하나의 돌파구가 되고 있는 식이다.

이처럼 AI를 활용한 대중예술 창작은 되돌리기 힘든 트렌드가 되고 있으나, AI의 영향력이 커질수록 AI 윤리와 관련한 과제도 비례적으로 커지고 있음을 주목해야 한다. AI 대중예술 창작물의 윤리적 논쟁과 관련해 구체적인 사례를 살펴보자. 이 가운데 주로 영상과 그래픽 분야에서 활용되는 딥페이크 기술을 둘러싼 윤리적 이슈는 매주 중차대한 쟁점으로 다뤄지는 추세다. 이는 지난 수년 사이 AI를 이용한 첨단 기술 발달로 누구나 쉽게 소프트웨어를 다운로드해서 가짜 음성이나 동영상을 만들게 되면서 그것의 윤리적 폐해가 가속화하는 분위기와 맞물려 있다. 딥페이크 논란의 시발점은 2017년 미국 온라인 커뮤니티 레딧에 딥페이크 닉네임을 가진 사용자가 AI 알고리즘을 이용해 유명인의 얼굴을 포르노에 합성해서 가짜 포르노 영상을 올리는 일이 발생했다. 이후 유명 영화배우의 얼굴을 포르노 영상에 합성한 가짜 영상이 유포되는 등 딥페이크가 AI 창작물의 윤리적 이슈를 확산시키는 모습이다. 네덜란드의 사이버 보안 회사 딥트레이스의 보고서에 따르면 딥페이크 온라인 영상은 2018년 12월 7964건에서 2019년 9월 1만 4678건으로 급격히 증가했으며, 이 중 96%가 포르노 영상으로 나타났다. 딥페이크 포르노 영상의 웹사이트 국적 중 41%가 미국으로 가장 많고 다음으로 우리나라가 25%로 비교적 높은 비중을 차지했다. 얼굴을 도용 당한 피해자는 미국의 경우 대부분여배우들이었으며, 우리나라는 K팝 가수들이었다. 최근 국내에서 AI 딥페이크의 윤리적 이슈를 가열시킨 이른바 '서울대 N번방' 사건도 이와 같은 딥페이크의 횡행과 연관 지어 이해할 수 있다.

앞서 살펴보았듯이 AI 딥페이크 기술의 윤리적 우려는 대체로 유명인을 대상으로 하는 포르노 동영상 합성 분야에서 가장 많이 나타나고 있지만, 최근에는 '서울대 N번방' 사건처럼 유명 연예인뿐 아니라 평소 친하게 지내던 같은 대학에 재학하는 일반인 여성을 대상으로 하는 딥페이크 포르노 영상이 유포되는 경우가 적지 않다. 딥트레이스의 2019년 조사 결과, 딥페이크 포르노 영상에서 타깃으로 하는 대상은 100% 여성으로 나타남으로써 여성에 대한 왜곡된 성 인식과 젠더 기반 폭력 문제가 심각함을 인식할 수 있다.

이와 같은 AI 딥페이크 기술은 산업적 활용이 확대되면서 다양한 콘텐츠 개발과 확산이라는 긍정적 효과가 있는 것은 사실이지만, AI 윤리 문제에 대한 논란을 증폭시키고 있다. AI 딥페이크 기술은 조작된 영상, 뉴스, 음성 등을 생성해 창작물 형식으로 배포함으로써 개인의 명예를 훼손하고 사회 구성원 간의 신뢰를 저하시키는 부정적 영향을 미칠 가능성을 간과해선 안 된다.

## AI 윤리 기준과 윤리적 대응

AI 기술이 발전하고 확산하면서 그것의 윤리적 개발과 활용 역시 세계 각 나라와 주요 국제기구의 관심 대상이 되고 있다. 우리나라가 주도적으로 참여한 경제협력개발기구(OECD) AI 권고안이 2019년 5월 공개된 것을 비롯해 세계 주요 나라와 유럽연합(EU), 기업, 연구기관 등 여러 주체로부터 다양한 AI 윤리 원칙이 발표되었다. 우리나라는 2020년 12월 AI 국가전략 주요 과제로 'AI 윤리 기준'을 마련했다. AI 윤리 기준은 3대 기본 원칙과 10대 핵심 요건을 제시하고 있다. AI 윤리 기준이 지향하는 최고 가치는 '인간성(Humanity)'으로 설정되었고, 인간성을 구현하기 위해 AI 개발 및 활용 과정에서 인간의 존엄성 원칙, 사회의 공공선 원칙, 기술의 합목적성 원칙을 지키도록 규정하고 있다. 인간 존엄성 원칙은 AI가 인간의 생명은 물론 정신적 · 신체적 건강에 해가 되지 않는 범위에서 개발되거나 활용되어야 함을 의미한다. 기술의 합목적성 원칙은 AI 기술이 인류의 삶에 필요한 도구라는 목적과 의도에 부합하게 개발 및 활용되어야 하며, 그 과정도 윤리적이어야 한다는 점을 강조한다. 10대 핵심 요건은 이러한 3대 기본 원칙을 실천하고 이행할 수 있도록 AI 개발부터 활용까지 모든 과정에서 인권 보장,

프라이버시 보호, 다양성 존중, 침해 금지, 공공성, 연대성, 데이터 관리, 책임성, 안전성, 투명성의 요건이 충족되어야 함을 명시하고 있다. 예컨대 프라이버시 보호는 AI 전 생애 주기에 걸쳐 개인 정보의 오용을 최소화하도록 노력해야 하고, 다양성 존중 요건은 AI 개발 및 활용의 모든 단계에서 사용자의 다양성과 대표성을 반영해야 하며, 성별과 연령, 장애, 지역, 인종, 종교, 국가 등 개인 특성에 따른 편향과 차별 최소화를 지향한다. 책임성은 AI 개발 및 활용 과정에서 설계 및 개발자, 서비스 제공자, 사용자 등 책임 주체를 설정함으로써 이들 사이에 발생할 수 있는 피해를 최소화하도록 노력해야 한다는 개념으로 이해할 수 있다.

이처럼 다양한 측면에서 논의되고 있는 AI 윤리 기준의 의미는 비교적 명확하다. 대중예술 분야를 비롯한 산업 전반에서 AI 기술의 발전 · 확산으로 생산성과 편의성이 높아져 국가 경쟁력 및 국민의 삶의 질 제고가 기대되고 있지만, 이에 못지않게 기술 오용과 데이터 편향성 같은 AI 윤리 이슈가 커지는 데 따른 대응 방안 성격을 갖는다. 요약하자면 AI 시대를 맞아 AI 개발과 활용의 모든 단계에서 정부와 공공기관, AI 기술 개발자, AI 기술 활용 제품, 서비스 공급자, 활용자 등 모든 사회 구성원이 사람 중심의 AI 구현을 위해 고려해야 할 기본적이고 포괄적인 기준인 것이다. 그러나 AI 윤리 기준에서 제시하는 원칙과 요건들은 상황에 따라 상충 관계가 발생할 수 있으며, 법률처럼 사회 구성원들이 의무적으로 이행해야 하는 규정이 아니라는 한계를 지니고 있다.

미국은 2020년 1월 대통령 행정명령 13859 '미국의 인공지능 리더십 유지'의 이행지침으로 '인공지능 애플리케이션 규제 가이드라인(Guidance for Regulation of Artificial Intelligence Applications)' 초안을 발표했다. 초안의 골격은 AI 활용에 대한 안전성 확보로, 이러한 행정명령에 따라 연방정부 기관이 AI 애플리케이션 관련 정책과 규제 도입 시 기술 발전과 혁신 성장을 우선하고 AI 기술 개발과 활용을 저해하지 않는 방향으로의 접근을 강조한다. 또한 AI 기술이 위험을 수반하는 경우 잠재적 이점과 비용을 함께 고려해야 한다고 설명하고 있다.

EU 집행위원회는 2019년 '신뢰할 수 있는 인공지능 윤리 가이드라인'을 공표하면서 AI 기술이 준수해야 하는 기본 원칙과 가치를 제시하고 이를 바탕으로 신뢰할 수 있는 AI 구현 방안을 도출했다. AI 윤리 가이드라인은 국제인권법, EU 조약, EU 헌장 등에서 규정하고 있는 개인의 권리에 기반한다. 그것은 인간의 존엄성에 대한 존중, 개인의 자유, 민주주의 · 정의 · 법치주의에 대한 존중, 평등 · 차별금지 · 연대, 시민의 권리 등으로 정리할 수 있다.

## 참고문헌


김윤명(2016). 『인공지능과 리걸프레임, 10가지 이슈』. 커뮤니케이션북스.

과학기술정보통신부(2020). '인공지능 윤리기준' 마련. ≪과학기술정보통신부 보도자료≫, 1-5쪽.

윤권순(2012). 『과학 기술과 법의 대화』. 법문사.

이중원(2019). 인공지능에게 책임을 부과할 수 있는가?: 책무성 중심의 인공지능 윤리모색. ≪과학철학≫, 79-104쪽.

카이스트(2019). 『인공지능의 윤리/정책/사회 이슈』. 한국과학기술원.

Floridi, L.(2013). Distributed morality in an information society. *Science and engineering ethics*, 19(3), pp.727-743.

Matthias, A.(2004). The responsibility gap: Ascribing responsibility for the actions of learning automata. *Ethics and information technology*, 6(3), pp.175-183.

## 09
## AI 대중예술 창작물의 저작권 이슈

AI 대중예술 창작물은 원작물이나 기존의 저작물이 기반이 되고 있으나, 이 경우 저작권 침해로 이어질 가능성은 매우 높다. AI 창작물 저작권 논쟁의 출발은 창작물의 법적 보호 여부와 직결되어 있다. 우리나라는 저작권법상 AI 창작물에 저작권을 부여할 법적 근거는 존재하지 않지만, 미국 영국 등 선진국에서는 AI 생성물의 저작권 등록 허용 등 비교적 발 빠른 대응이 구체화하고 있다.

AI와 화장품?

## AI 창작 담론

이 장의 주제인 AI 대중예술 창작물의 저작권 이슈를 논의하기 전에 AI 창작과 관련한 기본적 담론을 살펴볼 필요가 있다. AI 기술을 활용한 창작물은 크게 두 가지 담론으로 전개된다. 첫째, AI 기술로 인한 사회적 변화에 인간은 적응할 수밖에 없다는 논의다. AI 기술은 우리의 일상 모든 영역에 관여하면서 편리함을 극대화하고 있으며, 예술 창작도 예외가 아니다. AI는 상상을 구현하고 인간의 창의성을 확장하고, 인간은 이 같은 AI 기술을 활용할 수 있는 능력을 키움으로써 궁극적으로 경쟁력 있는 예술가 위치에 올라서는 기반을 마련할 수 있다. 둘째, AI가 생성하는 모든 것들은 인간의 창작물을 학습해 계산해 낸 결과물이다. AI가 무한대로 만들어 내는 계산의 파생물들은 예술 작품을 제작하고 유통하는 기업들이 편리하게 비용을 절감할 수 있게 해 준다. 이러한 담론은 AI 기술을 통한 창의력 극대화와 함께 AI 창작물이라는 또 다른 형태의 '예술 행위'에 대한 인간의 배타적 권리 등 양대 쟁점을 만들어 내고 있다. 이 가운데 후자는 저작권과 연결 지어 논의할 수 있다. 즉 AI가 생성한 영상과 이미지, 글 등 창작물을 저작물로 볼 수 있는지에 대한 논쟁이다.

AI 창작물이 저작물로서 보호받을 수 있는지 검토를 위해선 우선 저작물이 어떤 법적 요건을 갖춰야 성립하는지 파악해야 한다. 우선적으로 저작물의 요건을 갖추기 위한 필수 조건은 표현에 '창작성'이 있어야 한다. 우리나라 대법원 판례는 '창작성이란 완전한 의미의 독창성을 말하는 것은 아니며 단지 어떠한 작품이 남의 것을 단순히 모방하는 것이 아니고 저작자 자신의 독자적인 사상 또는 감정의 표현을 담고 있음을 의미하므로 누가 하더라도 같거나 비슷할 수밖에 없는 표현, 즉 저작물 작성자의 창조적 개성이 드러나지 않는 표현을 담고 있는 것은 창작성이 있는 저작물이라고 할 수 없다'고 판시하고 있다. 저작물의 성립 요건으로서 창작성 판단 기준은 노동 이론과 유인 이론으로 구분할 수 있다. 노동 이론은 저작자에게 권리를 부여하는 것은 저작물을 작성하는 데 투자한 시간과 노력 등을 중시해, 그 저작물의 창작성 수준이 고도하지 않아도 보호하자는 이론이다. 다시 말해 창작의 적정한 수준도 고려해야 하지만, 무엇보다 제작 행위 자체에 대해 가치를 부여하는 것으로 파악할 수 있다. 창작물을 만드는 과정에서의 정신적인 노동에 대해 배타적인 권리가 인정되어야 한다는 의미다. 이와 달리 유인 이론은 저작권 부여의 근거를 그 저작물이 저작권법의 궁극적 목적인 문화 발전을 유인해 준 것에 대한 대가로 보는 태도다. 창작자에게 권리를 부여하면 창작 활동이 더욱 활성화되어 사회적 이익을 얻을 수 있다고 판단한다. 노동 이론이 창작물에 대해 광범위한 저작권 보호를 인정하고 있다면, 유인 이론은 그 반대로 창작물의 질적인 수준을 고려해 저작권을 인정해야 한다는 논리로 볼 수 있다.

AI 창작물의 등장과 함께 창작성의 기준이 도전받고 있는 현실은 어쩌면 자연스러울 수 있다. 국내 학계와 판례는 저작권법상 창작성의 기준이 절대적 의미의 독창성을 말하는 것은 아니고 작가 자신의 독자적이고 정신적인 노력의 소산이면 충분한 것으로 판단한다. 하지만 AI에 의해 기계적이고 신속한 다량 제작 방식으로 만들어진 창작물도 타인의 작품을 모방하지 않고 프로그래머 또는 이용자가 독자적으로 만든 것이기 때문에 모두 창작성을 갖추고 있다는 견해에 대해선 논쟁이 가열되고 있다.

## AI 창작물의 저작권 논쟁

AI 창작물은 저작권으로 보호해야 하나. 이와 같은 질문은 우리나라를 비롯해 세계 주요 나라들이 공통적으로 직면해 있는 주요한 AI 창작 저작권 이슈 중 하나다. 우리나라는 현행 저작권법에서 저작물의 성립 요건으로 인간의 표현과 창작성을 규정하고 있다. 적어도 현행 저작권법상 AI가 생성한 창작물에 저작권을 부여할 법적 근거는 없는 것이다. 그러나 국회에서 추진되고 있는 '저작권법 일부 개정안'은 AI 창작물의 저작권법 제외에 제동을 거는 내용적 특징이 있다. '저작권법 일부 개정안'은 현행 저작권법이 인간 창작물만을 고려하기 때문에 AI 관련 산업 발전에 저해가 될 수 있다는 문제 제기에서 비롯되었다. 이 법안이 통과된다면 인간이 AI를 사용해 만들어 낸 창작물과 AI 스스로 생성해 낸 창작물 모두 저작권 보호를 받게 된다.

우리나라와 달리 미국은 AI 창작물 저작권과 관련해 비교적 진보적 움직임이 뚜렷하게 나타난다. 2023년 3월 미국 저작권청은 '저작권 등록 지침'에 AI 생성물에 관한 사항을 추가했다. AI 생성물이 창작물에 포함되어 있다면 이를 기재할 수 있는 신청서 양식을 선택해야 한다. 이것은 AI가 만든 결과물과 인간이 표현한 창작물을 구분해 상세하게 기재토록 하는 조치로 이해할 수 있다. 이 지침은 AI를 저작자 또는 공동저작자로 지정할 수 없음을 명시하고 있다. AI가 만든 결과물이 전체 저작물에서 차지하는 비중이 최소한의 범위를 초과할 경우 등록 대상에서 제외된다. 현재 저작권 심사가 진행 중인 경우에도 AI 생성물에 관한 정보가 기재되지 않았다면 누락된 정보를 공적 기록 사무소에 보고해야 한다. 일본은 2016년 지식재산전략본부 보고서를 통해 AI 창작물의 저작권 인정을 제안하고 있을 뿐 현재 AI 창작물을 저작물로 인정하는 명시적 규정은 존재하지 않는다. 영국에서는 현행 저작권법 개정 없이도 AI 창작물을 보호할 수 있다는 주장이 제기되고 있다. 영국 저작권법은 별도의 저작물 규정이 없다. 영국은 우리나라 저작권법과는 다르게 인간의 표현과 창작성이 저작물성의 조건이 아니다. 그러나 영국은 이미 1988년 저작권법을 개정해 제9조 제3항에 '컴퓨터에 의해 생성된 저작물의 저작자'에 관한 규정을 추가한 사실을 눈여겨볼 필요가 있다. 여기서 '컴퓨터에 의해 생성된 저작물'은 영국 저작권법 제178조(부수적 정의)에 따라 저작물에 대한 인간 저작자가 없을 경우 컴퓨터가 산출한 저작물로 정의된다. 이처럼 영국의 현행 저작권법 규정들은 AI 생성물 또한 컴퓨터에 의해 생성된 저작물에 포함될 여지가 있다는 논의로 확장할 수 있다. 영국에서 AI 창작물을 저작권으로 보호하지 않는다면, 특히 데이터베이스 영역이 심각한 상업적 타격을 받을 수 있다는 경고가 나오는 배경과 무관하지 않다.

하지만 AI 창작물을 저작권으로 보호해야 한다는 주장만큼 이를 반대하는 의견도 대두되고 있다. AI가 만든 작품이 인간을 감동시킨다면 인간이 만든 창작물과 다르지 않기 때문에 인간 저작물과 동일하게 보호해야 할 논리가 될 수 있지만, 그렇다고 하더라도 감동 여부가 AI 생성물을 저작물로 보호할 근거가 될 수는 없다는 것이다.

AI 창작물과 인간의 창작물을 저작권법이라는 동일한 법적 장치로 보호하기보다는 제3의 대안을 모색할 필요성도 정부와 학계, 산업계 일각에서 꾸준히 제기되고 있다. AI 생성물이 세상에 나오기 이전에 제정된 저작권법의 관점으로는 AI 생성물의 기술적 특성을 반영할 수 없기 때문이다. 이는 AI 창작물을 저작권으로 보호하기보다는 AI 창작물을 전송하는 사람에게 경제적 보상을 보장한다면 다수의 사람이 쉽게 정보를 얻을 수 있다는 논거로 작용한다.

## AI 창작물을 위한 저작권 정비

AI 창작물의 저작권법 적용과 관련한 주요한 논의라고

할 수 있는 AI 자체에 대한 저작자 지위 부여 논란은 현재 진행형이다. 이 사안은 찬반이 갈리는 흐름이 뚜렷하게 지속되고 있지만, AI 종류별 차별화가 필요하다면 논의를 보다 구체화할 수 있다. 예컨대 인간 창작 행위의 대리인 역할에 그치는 이른바 '약한 AI' 창작물은 AI 개발자나 최종 창작물의 산출자인 사용자 중에서 저작자를 결정할 필요가 있다. 이러한 시각은 저작권 인정 여부의 하나의 단계로 헌법이 해석한 저작자 범위가 컴퓨터 생성물 창작을 시작한 인간을 포함할 만큼 매우 광범위하기 때문에 컴퓨터 이용자를 저작자로 인정해야 한다는 논의로 이해할 여지가 있다.

AI 창작물의 저작권 인정을 둘러싼 치열한 논쟁은 AI 창작물을 위한 독자적인 저작물 등록 제도의 정비 필요성을 제기하게 만든다. 현행 저작권 등록 제도 정비를 통해 인간의 창작물을 용이하게 검색할 수 있는 시스템을 구축함과 동시에 AI 창작물을 위한 별도의 독자적인 저작물 등록 제도를 구축하는 방안이다. 이와 함께 AI 창작물로 인해 법적 분쟁이 발생할 경우를 대비해 AI 창작물에 대해 권리를 주장하는 자는 그것의 침해 금지 및 손해배상의 소를 제기하기 이전에 반드시 AI 창작물을 위한 저작물 등록을 하도록 소송 절차를 미리 법정화할 당위성이 존재한다. 이것은 AI 창작물을 위한 저작물 등록이 민사적 권리 구제 절차에서 사전적이고 필수적인 소송 요건으로 법정화함으로써 저작물 등록이 없는 AI 창작물에 대한 소 제기는 각하로 처리하는 방안으로 이해할 수 있다. 결과적으로 AI 창작물을 위한 저작물 등록 제도 구축은 저작물 이용과 유통 과정에서의 혼란을 사전에 방지하는 제도적 대안이며, AI 창작물이 인간을 전제로 한 저작권 제도에 미칠 부작용 등의 영향을 최소화하기 위한 합리적 분쟁 해결 방안으로 설명될 수 있다.

### 참고문헌


김용주(2016). 인공지능 창작물에 대한 저작물로서의 보호 가능성. ≪법학연구≫, 275쪽.

계승균(2014). 무용저작물의 창작성에 관한 연구. ≪동아법학≫, 235쪽.

오승종(2020). 『저작권법(제5판)』. 박영사.

윤선희(2020). 『지적재산권법(제18판)』. 세창출판사.

정연덕 · 운박(2021). 인공지능 생성물의 저작자 판단. ≪일감법학≫, 253쪽.

조연하(2020). 인공지능 창작물의 저작권 쟁점. ≪언론과 법≫, 85-99쪽.

차상육(2020). 인공지능 창작물의 저작권법상 보호 쟁점에 대한 개정안에 관한 연구. ≪계간 저작권≫, 한국저작권위원회, 57-60쪽.

Guadamuz, A.(2017). Do androis dream of electic copyright? comparative analysis of originality in artificial intelligence generated works. *Intellectual Property Quarterly*, 2. https://ssrn.com/abstract=2981304.

Kim, Y.(2016). Legal issues on artificial intelligence and robots. *Journal of Korea Information Law*, 20(1), pp.141–175.

## 10
## AI와 대중예술의 공존

기본적으로 AI는 대중예술 작품 생성 과정에서 인간을 물리적으로 도와주는 방식을 취한다. 대중예술 산업 발전에 AI가 필수적인 기술로 작동할 수밖에 없는 이유다. AI와 대중예술 산업은 동반자적 관계에서 파악해야 한다. AI가 인간이 만들어 낸 창작물을 바탕으로 학습하고 성장하는 시스템이라면, AI 기술 활용 대중예술 작품 생성 과정에서 인간이라는 요소는 결코 배제되어선 안 된다.

종교와 AI?

## AI와 대중예술의 연계

AI는 다양한 대중예술 작품이 생성되는 과정에서 기본적으로 인간을 물리적으로 도와주는 방식을 취하고 있지만, 여기에 머물지 않는 흐름이 나타난다. 인간의 부족한 신체 능력을 향상하거나, 인간과 결합하거나 장착하여 정서적으로 인간의 마음을 위로해 주는 방식으로 변화하고 있다. 영화 장르를 둘러보면, 〈2001 스페이스 오디세이〉는 인간에게 편의를 제공하는 AI 서비스 형태를, 〈그녀〉에서는 AI 비서처럼 개인의 삶과 정서적 삶을 연결하는 대중예술 의 형태를 읽기에 무리가 없다.

AI는 대중예술의 여러 장르에 걸쳐 창작과 창작 보조, 관련 서비스 제공 등에 활용되고 있음을 앞에서 상세하게 논의한 바 있다. AI를 활용함으로써 대중예술 콘텐츠 창작에 소요되는 시간과 비용, 노동력을 혁신적으로 절약해 콘텐츠 창작의 효율성을 높일 수 있다. 또한 기존 대중예술 작품의 품질을 향상시키고 이용자에게 더욱 생생한 실재감과 상호 작용 경험 등 새로운 콘텐츠 경험을 제공하는 역할을 하고 있다. 이러한 현상은 AI와 대중예술이 깊은 연계성을 지니는 동시에 향후 대중예술 산업 발전에 AI가 필수적인 기술로 작동할 수밖에 없음을 시사한다. 이 과정에서 AI 대중예술 콘텐츠가 기술적으로 발달할 수 있도록 연구 개발을 촉진할 수 있는 정책적 지원은 필수적이다. 대중예술 창작 과정에는 기술적 요소 외에도 창작 인력의 창의성이 요구되기 때문에 비기술 분야라도 대중예술 산업의 기획 개발을 연구 개발로 인정해 지원하는 것이 필요할 수도 있다. 대중예술은 산업적 측면에서 대부분의 수익 모델이 콘텐츠의 배타적인 상업적 이용을 담보하는 저작권을 근간으로 하는 만큼 AI 콘텐츠의 저작권 보호 범위 및 저작자 지위 등에 대한 법 · 제도 정비가 뒤따라야 함은 필수적임을 살펴본 바 있다.

이와 같은 논의는 주로 기술적 측면에서의 AI와 대중예술 연계라고 한다면, 사회 문화적으로도 AI가 바꿔 놓을 사회 환경에 대비해야 한다. AI 발달 및 무인화로 발생할 수 있는 대중예술 산업 분야의 일자리 감소 등에 대한 정책적 대비가 있어야 하고, AI 기술 및 AI 콘텐츠를 받아들이는 수용자에 대한 리터러시 교육 역시 필요하다. AI 미디어 이용 능력 및 AI 미디어 이해 교육, 개인정보 침해 방지, AI의 가치관 왜곡 등에 비판적 이용 교육 등이 방법론적 해결책이 될 수 있다.

AI 기술은 대중예술 작품의 기획 및 창작이라는 전통적인 영역에 변화를 불러왔으며, 데이터의 수집과 활용이라는 새로운 이슈 역시 대중예술 산업 안으로 가져왔다. 이러한 점에서 방대한 규모의 데이터를 수집하고 다룰 수 있는 플랫폼 기업이 향후 대중예술 산업을 주도할 가능성은 높다고 본다. 그렇다고 주요 플랫폼 기업의 대중예술 분야 AI 기술 활용이 반드시 성공을 의미하는 것은 아니라는 점을 주목해야 한다. 개인 정보 보호처럼 핵심 논점에 관한 대응이 예상치 못한 결과로 이어질 수 있다. 따라서 양질의 대중예술 작품과 서비스를 만들기 위한 고민이 AI 기술의 올바른 사용에 대한 고민과 마주해야 한다. 특히 데이터 독점이 대중예술 산업 비즈니스 독점으로 이어지지 않도록 하기 위해 정부 등 공공의 역할이 어느 때보다 중요하게 다뤄져야 할 것이다.

## AI와 대중예술, 그리고 인간

AI의 등장은 인간과 기계의 존재론적 차이에 기반해 안정감을 제공해 왔던 기존의 인식론적 경계들이 흐릿해지고 허물어져 가는 것을 의미한다. 대중예술에서 AI는 인간성의 경계를 오고 가면서 점차 인간의 동반자 혹은 심각한 경쟁자로서 상상되는 측면을 지닌다. 이러한 논의는 AI 담론에서 인간의 의미를 자연스레 부각시킨다고 볼 수 있다. AI 대중예술 작품은 AI의 기술적 발전과 진보를 극명하게 보여 주고 있으며, 동시에 인간의 소외와 소통의 단절 등과 같은 다양한 문제들을 제시하고 표현하며 좀 더 인간과 조화를 이룰 수 있는 성찰을 전달한다. 이 대목에서 AI와 인간의 관계 방식을 학술적 관점에서 살필 필요가 있다. 그것의 방향성은 일반적으로 두 가지로 분류할 수 있다. 첫 번째는 'AI에서 인간으로 나아가는 방향성'으로, 이는 AI의 인간과의 지능적 유사성이 '인간같이 생각함'으로 나아갈 수 있는 가능성을 제시한다. '인간같이'를 구성하는 필수적 요소들로는 사유, 지능, 언어의 동근원성, 언어 능력으로의 집중화 등을 들 수 있다. 두 번째는 '인간에서 AI로 나아가는 방향성'으로, 이러한 접근 방식은 주로 전통적인 인문학의 영역인 문학, 역사, 철학을 비롯해 예술, 윤리, 종교 등 인간이 살아가는 삶의 무늬와 결을 애써 더듬어 찾아온 길 위에서 각자의 학문적 관점에 따라 AI의 문제를 조망하고자 하는 시도로 이해할 수 있다. 이 같은 방향성은 인간의 '생각함'에 기반해 실체로서의 인간 이해를 도모하는 측면이 크다. 그러나 사회적 존재를 넘어 문화적 존재 등 인간에 대한 관점들이 난무하고 있는 현실을 감안할 때 '인간에서 AI로 나아가는 방향성'이 인류 사회의 전반적인 공감대 속에서 이루어질 수 있을 것인가에 대해서는

회의적인 질문을 던지게 한다.

지금까지 논의한 AI와 인간의 관계 방식의 방향성은 AI 대중예술에서 인간과 관련한 문제를 자연스레 살펴볼 수 있게 한다. 예를 들어 AI 대중예술에서 인간은 어떤 모습으로 비치는가 등에 관한 질문이 될 것이다. 이는 뒤집어 보면 AI 대중예술 작품을 소비하는 인간의 삶과 AI 대중예술의 공존을 의미한다고 볼 수 있다. 결과적으로 대중예술 속으로 들어옴으로써 동반자적 관계 형성을 시작한 AI 기술의 미래 산업화 과정에서 '인간'에 대한 고려가 수반되어야 함을 시사하는 것이다. 이와 관련하여 브린욜프슨의 주장은 상당한 설득력을 지닌다. 그는 AI가 인간을 모방해 점점 '인간 같아'지기보다는 인간성과 인간의 능력을 증대시키는 데 집중할 때 더 큰 가치와 기회를 창출할 수 있다는 논지를 펼친다. 이것은 AI 대중예술이 '인간같이' 되어서는 안 되고 증강된 인간 곧 '포스트 휴먼'으로 나아가는 보완물이 되어야 한다는 주장으로 읽히는 측면도 있지만, 근본적으로는 AI 기술을 활용한 대중예술 작품 생성 과정에서 '인간'이라는 요소의 배제를 극구 경계하는 것으로 파악할 수 있다.

짧지 않은 이 책의 여정을 마무리하고자 한다. AI와 대중예술의 만남은 곧 공존의 지향이다. AI 대중예술은 예술적이고 미학적이고, 동시에 상업적 성격을 지닌다. 다양한 윤리적 · 사회적 이슈가 얽힐 수밖에 없는 이유가 여기에 있다. 분명한 사실은 AI 대중예술이 인간에 의해 지식과 데이터 활용 등의 방식으로 추진되고 있다면, 예술적 창의성뿐만 아니라 사회 문화적인 맥락과 윤리적 이슈를 놓쳐선 안 된다는 점이다. AI 대중예술 작품에 대한 사유는 예술가의 전유물이 아니라 일반 대중의 인식과 판단에 달려 있는지도 모른다. 예술적 · 미학적 가치의 내재 토대 위에서 대중성의 동시 추구, 작품과 관객의 상호 작용이야말로 AI 대중예술의 미래이자 공존의 비결이 될 수 있을 것이다.

### 참고문헌


강여울(2024). 현대예술의 인공지능 활용을 통해 본 예술의 역할과 가치. ≪인문콘텐츠연구≫, 18-23쪽.

김종우 · 김동재(2023). '인간 같은 인공지능' 연구의 새 방향-다층위적 해석학의 필요성을 경유하여. ≪인공지능인문학연구≫, 81-83쪽.

김희영(2018). 예술에서 살펴본 인공지능의 미래 산업화 가능성-영화와 인공지능 예술을 중심으로. ≪만화애니메이션연구≫, 430-434쪽.

이수엽(2021). 인공지능과 미디어 엔터테인먼트 산업. 미디어 이슈 & 트렌드, https://www.kca.kr/Media_Issue_Trend/vol44/sub01_03.h

tml

이승희(2021.11.8). 인공지능(AI) 콘텐츠: 개념과 사례, 정책적 현안 분석. ≪코카포커스≫, https://www.kocca.kr/kocca/bbs/view/B0000141/1845946.do?menuNo=204145

Brynjolfsson, Erik.(2022). The Turing Trap: The promise & peril of human-like artificial intelligence. *Journal of the american academy of arts & sciences*, 151(2), pp.272-287.

Dreyfus, Hubert L.(2007). Why heideggerian ai failed and how fixing it would require making it more heideggerian. *Artificial Intelligence*, 171, pp.1137-1160.

Goncalves, B.(2022). Can machines think? The controversy that led to the Turing test. *AI & SOCIETY*, pp.1-11.

**김진각**

성신여자대학교 문화예술경영학과 교수로 재직 중이다. 고려대학교를 졸업하고 서강대학교 대학원을 거쳐 단국대학교 대학원에서 문화예술학 박사 학위를 받았다. 미국 아메리칸대학교(AU) 아시아연구소 방문교수를 지냈다. 한국문화예술위원회 비상임위원으로 활동하고 있으며, 한국동북아학회 이사와 한국지역문화학회 편집위원을 맡고 있다. 주요 저서로 『문화예술지원론: 체계와 쟁점』(2021), 『문화예술산업 총론: 창조예술과 편집예술 산업의 이해』(2022), 『문화예술후원론: 메디치에서 아미까지』(2024) 등이 있다. "문화예술지원기관의 역할 정립 방안 연구: 합의제 기구 전환 15년, 한국문화예술위원회를 중심으로"(2020), "문화콘텐츠 기업 문화재단의 예술지원 차별적 특성 연구: CJ 문화재단을 중심으로"(2022) 등의 KCI 등재학술지 논문이 있다.